A COACH'S NOTEBOOK

AF654698

GS PATHANIA

SENIOR CRICKET COACH IN SPORTS AUTHORITY OF INDIA (SAI)

BlueRose ONE.com
Stories Matter
NewDelhi • London

BLUEROSE PUBLISHERS
India | U.K.

Copyright © GS Pathania 2025

All rights reserved by author. No part of this publication may be reproduced, stored in a retrieval system or transmitted in any form or by any means, electronic, mechanical, photocopying, recording or otherwise, without the prior permission of the author. Although every precaution has been taken to verify the accuracy of the information contained herein, the publisher assumes no responsibility for any errors or omissions. No liability is assumed for damages that may result from the use of information contained within.

BlueRose Publishers takes no responsibility for any damages, losses, or liabilities that may arise from the use or misuse of the information, products, or services provided in this publication.

For permissions requests or inquiries regarding this publication,
please contact:

BLUEROSE PUBLISHERS
www.BlueRoseONE.com
info@bluerosepublishers.com
+91 8882 898 898
+4407342408967

ISBN: 978-93-7310-232-0

Cover design: Daksh
Typesetting: Tanya Raj Upadhyay

First Edition: December 2025

G.S. Pathania
Senior Cricket Coach
Sports Authority of India

G.S. Pathania

A self-made man and a devout bhakt of Lord Shiva, was born into a very poor family in Nurpur, Kangra (Himachal Pradesh) yet rose to become the first graduate of his village. Deeply fond of studies and cricket, he would often borrow books from his friends at night, studying under streetlights to secure excellent marks, especially in Mathematics, where his brilliance in mental calculations was unmatched.

Alongside academics, his discipline and exceptional knowledge of cricket shaped him into a remarkable player. Though poverty prevented him from pursuing cricket as a career in his early years, he once played alongside legends like Bishan Singh Bedi and went on to nurture future stars such as JP Yadav and Narendra Hirwani.

With sheer determination, he completed his NIS training in cricket coaching despite immense financial hardships, and began his career in Bettiah, Bihar—one of the most backward regions at the time. In 1977, he introduced the game of cricket in Bhopal, earning him the honour of being regarded as the Pitamah of Cricket.

Rising through perseverance and dedication, he eventually retired as the second senior-most cricket coach of India. Even after retirement, his passion never dimmed—he established the RCC Club, a cricket academy through which he continued to guide and inspire budding players. His life stands as a testament to grit, discipline, and the pursuit of excellence against all odds.

''क्रिकेट खेल''

'क्रिकेट एक शाही अंग्रेजी खेल है बड़े–बड़े राजे महाराजे इसे बड़े शौक से खेलते थे । यह खेल सभी खेलों की रानी मानी जाती है यह खेल हमारे मन और शरीर दोनों पर बहुत अच्छा प्रभाव डालती है। दूसरे खेलों की अपेक्षा इसमें बेईमानी कम हो सकती है इससे हम सघाई सिखते हैं और झगड़े के बिना खेलने का ''सिखिया'' आदेश मिलता है। इसमें अकेले, अकेले भी खेलना पड़ता है जिससे अपने आप में भरोसा आता है और अधिक लोगों के सामने आने का हौसला बढ़ता है जब कभी कोई मनुष्य ठीक ढ़ंग से बर्ताव नहीं करता तो उसे अंग्रेजी में कहा जाता है कि वो हमारे साथ क्रिकेट नहीं खेल रहा''।

Table of Contents

HISTORY OF CRICKET
क्रिकेट का इतिहास

क्रिकेट खेल इंगलिश खिलाड़ियों के द्वारा दिया हुआ खेल है यह आज–कल सभी कामनवेल्थ और जहां पर अंग्रेजी भाषा का प्रभाव है वहां पर खेला जाता है इस बात के लिए हमारे पास काफी पुराने रिकार्ड है कि जिनके द्वारा हम यह कह सकते हैं कि क्रिकेट खेल सन् 1550 ई0 से खेला जाना शुरू हुआ था।

सन् 1744 ई0 में लंदन के अन्दर पालमल के स्थान पर पहली बार लंदन के कुछ नोबल व्यक्तियों के द्वारा एक संस्था तैयार की गई जिसमें खेल के नियमों का पहली बार विचार विमर्श हुआ। बाई कौडैक्ट पहला क्रिकेट खेल था एवं क्लब बना जिसकी योजनाओं और अच्छी योग्यताओं और सफलताओं के आधार पर सन् 1787 ई0 में एस.सी.सी. का नाम दिया गया जो आज कल का प्रसिद्ध मैलबोर्न किक्रेट क्लब है जो कि संसार को क्रिकेट की जानकारी और नियमों को बनाने वाली संस्था है।

कैंटन एक प्रथम देश था जिसने क्रिकेट खेल का आयोजन करके लंदन और उसके आसपास के टापुओं में क्रिकेट खेलन को फैलाया । सन् 1859 ई0 में इस प्रकार क्रिकेट खेल अपनी युवा अवस्था में पहुँच चुका था। 1859 ई0 में ही इसी देश के बारह खिलाड़ी अटलाटिंक सागर को पार कर करे कनैडा और यू0एस0ए0 में मैच खेलने के लिए गए। 1861 ई0 में इन्हीं खिलाड़ियों का पहला ग्रुप आस्ट्रेलिया भी गया और फिर सन् 1863–64 ई0 में जार्ज पर लीड की कप्तानी में एक टीम आस्ट्रेलिया और न्यूजीलैंड के दौरे पर गई और सन् 1863–64 में ही पी0डब्लू0 ग्रास की कप्तानी की अध्यक्षता में एक टीम तैयार की गई जो कि सन् 1876–77 तक आस्ट्रेलिया और न्यूजीलैंड का दौरा करती रही और इस प्रकार इन टीमों के द्वारा खेल में उत्साह और जागृति हुई लेकिन यह रूचि आस्ट्रेलिया में अधिक समय तक नहीं रही और इस प्रकार से 1878

"बदले का भी बदला लिया जायेगा"

ई0 तक आस्ट्रेलिया ने क्रिकेट में अधिक उत्साह नहीं दिखाया लेकिन 1878 में जी.डब्लू. गौरग्रे की अध्यक्षता में आस्ट्रेलिया की पहली टीम इंग्लैण्ड की यात्रा पर गई इस यात्रा के द्वारा क्रिकेट का इतिहास बनना शुरू हुआ।

सन् 1880 में डब्लू एल. मोरीच के द्वारा आस्ट्रेलिया की दूसरी टीम ने दौरा किया और 1882 मे जब आस्ट्रेलिया की टीम फिर तीसरी बार इंग्लैण्ड आई तो उस समय संसार का पहला क्रिकेट टेस्ट मैच दोनों देशों के मध्य खेला गया और 29 अगस्त को जब इस ऐतिहासिक मैच में इंग्लैण्ड की टीम हारी और जीती हुई टीम को एक ऐशिश नामक शील्ड रखने को दी गई जब तक की अगले साल के मैच नहीं आते। इन दोनों देशों के अलावा साउथ अफ्रीका को भी इस टेस्ट लेबल पर खेलने के लिए आज्ञा दी गई। 1931 में न्यूजीलैण्ड ओर 1932 में इंडिया तथा 1947 के बाद पाकिस्तान, वेस्टइण्डीज, सलोन इत्यादि देखों को भी खेलने की आज्ञा दी गई और अब यह खेल एशिया, मिस्र और इंग्लैण्ड के अधीन रहने वाली सभी कॉमन–वेल्थ देशों की टेस्ट लेबल की आज्ञा दी गई।

CRICKET IN INDIA
क्रिकेट भारतवर्ष में

भारत में यह खेल ब्रिटिश फौजों के द्वारा आरम्भ हुआ जो कि अपने खाली समय में इस खेल को खेलते थे और इन्हीं के द्वारा भारत के प्रसिद्ध शहरों में बम्बई, मद्रास और कलकत्ता आदि शहरों में शुरू हो गया और फिर इन्ही के द्वारा सारे भारत में फैलना शुरू हो गया।

भारत की पहली टीम 1884 में समुद्र को पार करके क्रिकेट खेलने बाहर गई, जिसमें आमतौर पर पर खिलाड़ी पारसी ही थे और इसके बाद 1912 में नाबा नगर के राजकुमार इस खेल के एक महान आयोजक थे जिन्होंने अपनी टीम को खेलने के लिए इंग्लैण्ड भी भेजा। इस प्रकार क्रिकेट खेल का भारत में पूर्ण रूप से जन्म होना शुरू हुआ, फिर बम्बई के अन्दर पारसियों ने एक मैच का आयोजन किया। जिसमें पारसी यूरोपियन लोगों के विरूद्ध खेले इस मैच को प्रेसीडेन्सी मैच का नाम दिया गया एवं बाद श्री चुन्नी लाल मेहता ने एक हिन्दुओं की टीम बनाई और प्रेसिडेन्सी मैच के अन्दर भाग लेने के लिए टीम को भेजा। इस दाखिले के साथ ही प्रेसिडेन्सी मैच तिकोने मैंच बन गए, 1912 में एक मुसलमानों की टीम बनी जो इस तिकोने मैचों में खेली और यह तिकोने मैच कोटी गुलर टूर्नामेन्ट बन गया। इस प्रकार यह खेल सारे देश में प्रसिद्ध होना शुरू हो गया लेकिन 1932 से 1935 तक राजनैतिक कार्यो के कारण यह मैच न हो सका।

जब यह पुनः शुरू हुआ तो उस समय ऐटनी डीनैलो जो कि इस खेल के एक महान देखभाल करने वाले और रूचि रखने वाले थे उसने एंग्लो इंडियन की एक टीम तैयार की, जो कि इस धार्मिक टूर्नामेन्ट के अधीन न आती हुई। रैस्ट ऑफ इंडिया के नाम से प्रसिद्ध हुई लेकिन 1937 में पेंटागुलर टूर्नामेन्ट के अधीन खेल खेलना शुरू किया गया और इस पेंटागुलर टूर्नामेन्ट के सदस्य बाम्बे, पारसी, हिन्दू, इस्लाम और कैथालिक हुए जमखाना के मध्य में यह खेल

"जिसने गर्व किया उसका अवश्य पतन हुआ"

खेला जाता रहा। इस प्रकार यह टूर्नामेन्ट भी धार्मिक घृणा का एक कारण बन गया। 1940 में जमखाना ने इसमें भाग लेना बन्द कर दिया, लेकिन 1943 में बंगाल और बीजापुर के अकाल में उसकी सेवा के लिए पैसा इकट्ठा करने के लिए पुनः खेला गया। यह अंतिम पेंटागुलर टूर्नामेन्ट था। पेंटागुलर और कुआर्डगुंलर के द्वारा भारत को कितने ही अच्छे ही खिलाड़ी मिले और भारतियों को खेल के प्रति रूचि भी दी। 1932 में भारत की पहली ऑफीशियल टीम इंग्लैण्ड के सरकारी दौरे पर गई और 1936 में महाराजकुमार विजय नगरम के नेतृत्व में दूसरी बार इंग्लैण्ड गई। अब तो भारत की टीम दूसरे देशों में भी जाती है जैसे आस्ट्रेलिया, न्यूजीलैण्ड, वेस्टइंडीज और पाकिस्तान इत्यादि।

भारत ने क्रिकेट खेल में काफी उन्नति की है और इस उन्नति का पता हमें पिछले कई सालों की परफामेन्स, टेस्ट मैचों में भारी संख्या में भीड़ जो कि तीस, चालीस हजार के करीब होती है तथा रेडियों पर प्रसारित किऐ जाने वाले आंखो देखा हाल जो कि लाखों की संख्या में सुनते हैं, खेल के प्रति रूचि के बारें में पता चलता है।

एक यह भी अनुमान किया जाता है कि 1797 में भारत में मिलिट्री एकदश और बम्बई के मध्य पहला मैच खेला गया। उसके बाद फिर 1846 में मद्रास में सर अलेक्जेंडर आरबेथलोट क्लब की स्थापना हुई और 1848 में बम्बई में पारसियों ने कुछ क्लबों की स्थापना भी की और पारसी लोगों नें 1886, 1888 में जे.एम. फ्रामजी पटेल की कप्तानी में दो बार इंग्लैण्ड की यात्रा की और 1890 ई0 में पहली बार इंग्लिश टीम भारत आई जिनका कप्तान जी.एफ़. वरनाने था जो की हार भी गई थी। 1892–93 में दूसरी बार फिर आए और दूसरी बार भी हार गए।

1911 में इंग्लैण्ड का दौरा करने वाली टीम महाराजा पटियाला की थी। मुसलमानों ने बम्बई में पहली टीम 1883 में बनाई और महाराजा भूपेन्द्र सिंह ने 1934 में रणजी ट्राफी प्रदान की थी। अनुमान है कि भारतीय क्रिकेट बोर्ड की स्थापना दिल्ली में 1927 नवम्बर में हुई और कुछ का कहना है कि बम्बई में 1928 में हुई लेकिन आश्चर्य की बात है कि 28 जुलाई 1926 में क्रान्फ्रेन्स में भाग कैसे लिया गया और बोर्ड 1934 में ही में रणजी ट्राफी शुरू कर दी और 1942 के बाद अन्तर विश्वविद्यालय स्पोर्ट्स बोर्ड ने लिया और 1945 में बिहार

"क्रोध मूर्खता से शुरू होता है और पश्चाताप पर खत्म होता है"

ट्राफी अखिल भारतीय अन्तरक्षेत्रीय प्रतियोगिता शुरू हुई। 1971 में टीम ने पहली बार–बार जीती और अपनी योग्यता दी उदाहरण दी।

भारत क्रिकेट इतिहास में न्यूनतम रन (RUN) संख्या का अब तक रिकार्ड 42 है, जिसे अजीत वाडेकर की कप्तानी में 1974 में लार्ड्स में इंग्लैण्ड के विरूद्ध भारत ने बनाया था।

भारत ने सबसे पहली बार टेस्ट में एम.सी.सी. को 10 फरवरी 1952 में मद्रास में हजारे की कप्तानी में जीता था।

''धर्म ज्ञान में नहीं, पवित्र जीवन है''

ART OF BATTING
बल्लेबाजी की कला

GENERAL QUALIFICATION:- क्रिकेट में मैच जीतने या अधिक रन संख्या बनाने के लिए बल्लेबाजी की अच्छी जानकारी होनी चाहिए। अच्छी ग्रिप (GRIP) और आरामदायक खड़े होना बल्लेबाजी के लिए अत्यन्त आवश्यक है चाहे खेल आक्रमण (ATTACK) या रोक (DEFENCE) ही क्यों न खेलना हो।

THE GRIP :

बल्ले पर अधिक कन्ट्रोल के लिए दोनो हाथ हैंडल पर एक दूसरे के पास–पास इस भांति से हो कि वह आपस में एक–दूसरे से ठीक प्रकार से सम्बन्ध रखते हो अगर वह हैंडल के बहुत नीचे होंगे तो वह सीधे बल्ले की स्ट्रोक (STROKE) की आरक को छोटा और अगर ऊँचा या दूर–दूर से पकड़ेंगे तो बल्ले को कन्ट्रोल करना अधिक कठिन होगा। बांयाँ हाथ ऊपर (TOP) हैंडल के पास और दांया हाथ उसके एक दम नीचें बाया हाथ हैंडल को मजबूती से और दांया हाथ हैंडल की कुछ ढीली या आरामदायक ढंग से पकड़े/दोनों हाथ इकट्ठा कार्य करे इस के लिए दोनों हाथों की दो बीस (V,S) इस ढंग से बननी चाहिए। बायें हाथ की बल्ले की कन्ने पर रूख, और दूसरी दायें हाथ की बी (V) बल्ले के पिछले भाग के मध्य के बराबर दिशा में होनी चाहिए। बायें हाथ का पिछला भाग मिड ऑफ (Mid Off) और एक्सट्रा– कवर (Extra Cover) के मध्य की ओर होना चाहिए। अगर हैंडल की दाये हाथ से अधिक मजबूती से पकड़ जाए तो (Follow Through) में कलाई (Wrist) रूक जाएगी।

"ईश्वर ही हमारा निरन्तर साक्षी है"

POINTS :

1. हाथों की अंगुलिया और अंगूठे हैंडल के चारो ओर अच्छी प्रकार होने चाहिए।
2. ऊपर के हाथ की अंगुलिया या हाथ का पिछला भाग बांया भाग (Thigh) के साथ छूती होनी चाहिए।
3. V' S जो अंगूठे और उंगलियों से बनती है वह एक दूसरे की सीध में होनी चाहिए
4. हैंडल पर वजन नहीं पड़ना चाहिए।
5. हैंडल के ऊपर के हाथ का पिछला भाग मिड ऑफ और एक्सट्रा–कवर की ओर होना चाहिए।
6. ऊपर के हाथ को कस कर और नीचे का हाथ आरामदायक हालत में होना चाहिए।

STANCE :

खड़े होने का ढंग आरामदायक और BALANCE का होना चाहिए जिसमें शरीर का वजन दोनों पांवों पर बराबर हो और घुटने (KNEEs) कुछ झुके हुए होने चाहिए जो कि आरामदायक और स्ट्रोक (STROKE) के लिए तेज क्रिया के लिए लाभदायक हैं। एक पाँव पोपिंग क्रीज (POPING CREASE) के अन्दर और दूसरा बाहर दोनों पांव एवं दूसरे के समानान्तर होने चाहिए और पांव की उंगलियों की टोस (TOES) तीखा कोसा (POINT) की की तरफ होनी चाहिए। बांया कन्धा और बांया कूल्हा (HIP) की दिशा (SIDE) बॉलर की तरफ होनी चाहिए और मुँह (FACE) सामने विकेट की ओर, आँखे गेंद की तरफ देख रही हो और सिर को अच्छी तरह से स्थिर रखेगें तो उतनी ही अच्छी तरह से आप गेंद को जान सकेंगे।

POINTS :

1. सिर, मुँह और आँखें सामने विकेट की ओर और गेंद की ओर होनी चाहिए।
2. बांया हाथ बाई जांघ (Thigh) से छूता हो।

"जिंदगी का मकसद सिर्फ मुस्कुराना है"

3. घुटने (KNEES) थोड़े से झुके हों।
4. पांव 4'' से 6'' की दूरी पर पोपिंग क्रीज (Poping Crease) के समानान्तर हो।
5. पीछे का पांव पोपिंग क्रीज (Poping Crease) के अन्दर होना चाहिए।
6. आरामदायक खड़ा होने के लिए थोड़ा बहुत परिवर्तन किया जा सकता है। कोई कठोर नियम नहीं है।
7. बल्ले (BAT) की टो (TOE) अन्दर के पांव की टो (TOE) के नज़दीक होनी चाहिए।

THE BACK LIFT:

जैसे गेंदबाज (BOWLER) के हाथ से गेंद छूटने वाली होती है वैसे ही बल्लेबाज को बैक लिफ्ट (Back Lift) शुरू कर देनी चाहिए जिससे कि गेंद को ठीक प्रकार से खेला जाए । बल्लें को ऊपर वाले हाथ से इतना उठाना चाहिए कि वह मिडिल स्टम्प की सीध में हो यह बल्ले का लिफ्ट (LIFT) करना तथा बांई कलाई (LEFT WRIST) को (COOK) करने से होती है बल्ले का मुँह या सामने का भाग प्वाइंट (POINT) की ओर, शरीर तथा सिर एक स्थिर जगह (स्थान) होना चाहिए। तेज (FAST WICKET) पर रोक कर (DEFENCE) खेलने के लिए बल्ले की लिफ्ट (Lift) कुछ कम होनी चाहिए। ड्राईव (Drive) तथा अन्य मारने वालों स्ट्रोक्स (ATTACK STROKES) खेलने के लिए लिफ्ट (LIFT) कुछ अधिक होना उत्तम है। यदि दोनों हाथ शरीर के कुछ आगे की ओर किए जाएं तो इन से यह पता लग सकता है कि बांया कन्धे ठीक विकेट की दिशा में है या नहीं।

TAKING THE GAURD OR BLOCK:

जिस समय बल्लेबाज खेलने के लिए आता है तो वह सबसे पहले सामने खड़े अम्पायर से प्रार्थना करता है कि मुझे लेग (LEG) अथवा मिडिल स्टम्प का निशान दिया जाए। निशान लेने के बाद बल्लेबाज उसके ऊपर चाक अथवा

पांव के साथ छोटी से रेखा खींच लेता है जो कि बल्लेबाज की सहायता करती है कि गेंद किस स्टम्प की दिशा में आ रहा है। इस रेखा को गार्ड कहते हैं।

FORWARD AND BACK PLAY IN THE DEFENCE:

सुरक्षित पदवी के साथ खेलना सिखाया नहीं जा सकता क्योंकि इसमें बल्लेबाज की एकाग्रता और सीधे बल्ले के साथ खेलना एक बल्लेबाजी का एक महत्वपूर्ण नियम है अगर खिलाड़ी का नियम बैंक लिफ्ट (BACK LIFT) के साथ उसके (STANCE) खड़े होने के ढंग से अन्दर सीधा आता है तो वह हर प्रकार के गेंद को ठीक लेन्थ (LENGTH) पर किसी भी प्रकार की विकेट पर आगे या पीछे की ओर खेल सकता है और जहाँ पर पिच की रफ्तार (PACE) में तेजी अधिक है वहां पर गुड–लेन्थ (GOOD LENGHT) गेंद को आगे की ओर खेलना अधिक महत्वपूर्ण है। जहां पर पिच की रफ्तार धीमी (SLOW) है वहां पर पीछे की ओर खेलन अधिक महत्वपूर्ण है पीछे आगे सुरक्षित पद्धति के साथ खेलना और गेंद के पूर्ण रूप से गेंद की सीध (LINE) में आकर गेंद का खेलना इसमें एक महत्वपूर्ण नियम हैं।

FORWARD PLAY:

इसमें आपका बांया कन्धा और बांया हाथ गेंद की दिशा (LINE) में आये सिर और आंखों की दृष्टि पर जहाँ की वह पिच करता है (PITCH OF THE BALL) होनी बहुत जरूरी है बांया पांव गेंद की दिशा (LINE) में आए। इसके लिए आपके शरीर का वजन (WEIGHT) आगे की टांग पर हो और आपका आगे का घुटना (KNEES) अच्छे ढंग से झुका हो। जिससे कि बल्ले और घुटने में किसी प्रकार का अन्तर (GAP) न रहे जब आगे की गेंद को आगे खेलने जाते हैं तो शरीर का वजन (WEIGHT) दायें पांव से बाये पांव पर आना बहुत आवश्यक है और जब गेंद के बाहर के स्टम्प के बाहर की ओर (OUT SIDE THE OFF STUMP) खेलने के लिए जाते है तो आपके बायें पांव का पंजा (TOE) थोड़ा सा एक्स्ट्रा–कवर (EXTRA-COVER) की ओर होने चाहिए और जब आप लेग–स्टम्प की बाहर (OUT SIDE

THE LEG STUMP) की की ओर पर खेलने जाते है तो उस समय आपके बायें कंधें और बांये पांव की स्थिति गेंद की दिशा में और पंक्ति (LINE) में होना बहुत जरूरी है इस दोनों प्रकार के खेल में बांये का कार्य बल्ले को काबू या कन्ट्रोल करता है और दांये हाथ प्रयोग अगर अधिक होगा तो कैच उठने का डर रहता है। दूसरा गेंद की दिशा (LINE) में बल्ले को ठीक ढंग से नहीं ला सकते अन्त में यह कह सकते हैं कि आगे खेलने (FORWARD PLAY) में गेंद को गेंदबाज (BOWLER) के हाथ से गेंद से घुटनें पर और उस गेंद को पिच (PITCH) होने से पहले अच्छी दृष्टि के साथ गेंद की किस्म को जांचना बहुत जरूरी है और फिर गेंद की पूरी रफ्तार को देखते हुए बल्ले के साथ गेंद की पंक्ति (LINE) में खेलना अत्यन्त आवश्यक है।

BACK PLAY:

यह स्ट्रोक (STROKE) आमतौर पर पीछे पिच करने वाली गेंद (SHORT OF LENGTH) को खेला जाता है, लेकिन इतना भी पीछे गेंद नहीं होना चाहिए कि वह घिसता हुआ जमीन के साथ स्टम्प की ओर आए यह स्ट्रोक क्रिकेट खेल में सबसे सुरक्षित स्ट्रोक (STROKE) है। इसके अन्दर आप अपने दाया पांव स्टम्पों की ढापते (COVER) करते हुए पीछे की ओर ले जाए। जिससे कि आप गेंद की दिशा को अच्छे ढंग से जांच कर खेल सके। इसके अन्दर आपके शरीर का वजन बांये पांव से दाये पांव की ओर बदलता है। इसके अन्दर बल्ले पर कन्ट्रोल बांया हाथ ही करता है और दांये हाथ की स्थिति बड़े आरामदायक होनी चाहिए ताकि वह बल्ले को (DEAD BAT POSITION) बल्ले को सही स्थिति में ला सके अगर दाया हाथ आरामदायक स्थिति होगा में नहीं तो बल्ला गेंद खेलने के लिए सीधा नहीं आ सकता और इससे एक आरामदायक स्वयं कैच उठने की सम्भावना रहती है। सबसे महत्वपूर्ण बात यह है कि बल्ला आपके शरीर के सामने गेंद को खेलने के लिए आना चाहिए और आपके बांये हाथ की कोहनी की स्थिति जितनी ऊँची होगी उतना ही अधिक सीधा बल्ला और DEAD BAT गेंद को खेलने आएगा।

"यदि भोजन मिलता रहे तो सारे दुःख सहे जा सकते हैं"

FORWARD DRIVES:

बल्लेबाजी के प्राथमिक नियमों को जानते हुए हर खिलाड़ी को ड्राईव्स (DRIVES) के बारे में जानना बहुत जरूरी है तभी वह ठीक खेल, खेल सकता है इसके अन्दर बल्लेबाजी के वही नियम है जो सुरक्षा पद्धति (FORWARD DEFENCE) में है, लेकिन अन्तर केवल इतना है कि इसमें बैक लिफ्ट (BACK LIFT) जरा ऊँची आएगी और शरीर को आगे की ओर झुकाने के बजाए गेंद की रेखा (LINE) पंक्ति में थोड़ा सा सीधा होगा। इसमें बांया कंधा, बांया हाथ और कूल्हा (HIP) गेंद की पंक्ति (Line) में एक तरफीय (SIDE WAYS) आएगी और शरीर का वजन (WEIGHT) अधिक अगले पांव पर होगा और बल्लों को गेंद की पंक्ति (LINE) में स्वीइंग (SWING) करवाना होता है। ड्राइव्स (DRIVES) करते समय बांये हाथ की शक्ति ही अधिक कार्य करती है और दांये हाथ की पकड़ (GRIP) भी आरामदायक स्थिति (POSITION) में होती है। जब गेंद का खेल लेते हैं तो पूरी तरह फालो का (FOLLOW- THROUGH) होना बहुत जरूरी है, इसमें जब खेलते हैं तो उस समय सिर, अच्छी प्रकार झुका हो (HEAD WELL DOWN) और जहां से गेंद आनी है आंखों की दृष्टि से गेंद की ओर की दिशा में (LOOK IN THE DIRECTION OF THE BALL THERE AFTER) जहां गेंद ने जाना है।

ON DRIVES:

इसमें प्राथमिक नियम आगे जाकर धकेलने (FORWARD DRIVES) जैसे है, लेकिन अन्तर इतना है कि इसमें बांये कूल्हे की स्थिति और शरीर का वजन अपनी दिशा बदलता है इसमें आपको अपने शरीर को पूर्ण रूप से गेंद की दिशा और गेंद की पंक्ति (LINE) में लाना बहुत जरूरी है सबसे महत्वपूर्ण बात यह है कि इसमें बल्लेबाज़ कभी भी दायें कन्धे और दांये हाथ का प्रयोग जरा सा भी अधिक न करें।

"साहस वह है जो आपको अपने डर से आगे बढ़ने में मदद करता है"

MOVING OUT DRIVES:

इसमें सबसे महत्वपूर्ण बात यह है कि इस स्ट्रोक में शरीर का वजन एव समय की बजाए दो बार दांये से बांये पांव की ओर बदलना पड़ता है और बैक लिफ्ट (BACK LIFT) जरा ऊँची होनी चाहिए और बांये हाथ से बल्ले पर कन्ट्रोल होना बहुत जरूरी है, शरीर की दिशा एवं तरफ (SIDE WAYS) होनी चाहिए और गेंद की रफ्तार (PACE) के साथ गेंद की पंक्ति (LINE) में जितनी शीघ्रता से हो उतनी ही शीघ्रता से गेंद की पंक्ति (LINE) में बल्ले को ले जाकर गेंद को खेलना चाहिए इस प्रकार की ड्राईव्स के लिए हर खिलाड़ी के पावों की क्रिया (FOOT-WORK) और बल्ले घुमाने का समय (TIMING) बहुत अच्छा होना जरूरी है।

JUMPING OUT DRIVES:

यह ड्राईव (DRIVE) ऐसी गेंद को खेलना करना चाहिए जब कि एक धीमी रफ्तार घुमाने वाला (SLOW TURNING SPINER) गेंदबाज (BOWLER) अपनी गेंद को कुछ अधिक हवा में उछालने (TOSS) की भांति फेंकता है तो वह गेंद कुदरती अधिक घूमकर (TURN) निकलती है तो बल्लेबाज का उस समय यह कर्तव्य बन जाता है कि वह गेंदबाज, के विपरीत कार्य करें इसका अच्छा ढंग यह है कि वह अपने पांवों की क्रिया को इस ढंग से प्रयोग करें कि वह सामने की विकेट की ओर गेंद को मारने के लिए जाए ओर उस गेंद को हाफ वाली (HALF VOLLEY) या फुल–टॉस (FULL-TOSS) बनाकर खेलें जिससे कि गेंद की स्पीन (SPIN) हो ही न सके।

मेरा अपना यह विचार है कि वो बल्लेबाज जो ऐसी गेंद को खेल नहीं सकता यानि उससे छूट (MISS) जाता है और वो कुछ ही फासले से स्टम्प आउट हो जाता है वो इस ढंग से हो जाता है क्योंकि वो अपनी क्रीज (CREASE) से काफी आगे बढ़ जाता है ओर आपको अपने काबू या शरीर का वजन बराबर (CONTROL OR BALANCE) में नहीं रख सकता और अगर वो काफी आगे बढ़ कर ड्राइव (DRIVE) करने की कोशिश करता है तो वो भी अधिक

फासले से स्टम्प–आउट (STUMP-OUT) हो जायेगा। अगर आपने उछल कर बाहरी (JUMP-OUT) ड्राइव करने का इरादा या फैसला कर ही लिया है तो आंधी बाहरी उछाल (HALF JUMPING OUT) नहीं रखना चाहिए। अगर आप दोहरे विचार (DOUBLE MIND) से खेलते हैं तो वो आपके लिए हानिकारक होगा।

अच्छा यही होगा कि आप ड्राइव (DRIVE) करने से पहले अपना निश्चय बदल और वापस अपनी क्रीज पर आ जाए या उस गेंद को निश्चय ही खेले चाहे उसमें आपको हानि ही क्यों न हो यह बुरा नहीं है अगर बल्लेबाज अधिक दूरी के फासले से स्टम्प हो जाता है लेकिन यह बुरा है कि वो थोड़ी सी दूरी पर स्टम्प आउट (STUMP OUT) हो, इसका अर्थ यह होगा कि उसने यह ड्राइव गलत खेली है ऐसा जान–बूझ कर खेलना, गलती करना है किसी भी हालत में ऐसी ड्राईव खेलते समय दोहरा–विचार नहीं रखना चाहिए और आगे बढ़ने के बारे में अपना दोहरा विचार (DOUBLE-MIND) नहीं रखना चाहिए। उसे काफी आगे बढ़ कर खेलना चाहिए जिससे कि गेंद स्पिन (SPIN) हो ही न सके। और या फिर उसे अपनी क्रीज (CREASE) पर ही खेले। ऐसा तभी खेलना चाहिए जबकि गेंद स्पीनर (SPINER) की ही हो।

HALF-COCK STROKE:

इस स्ट्रोक (STROKE) को खेलने के लिए बल्लेबाज को न तो अधिक आगे बढ़ कर (FORWARD) और न ही अधिक पीछे हटकर (BACKWARD) खेलना चाहिए इस स्ट्रोक के लिए बल्लेबाज की बैक–लिफ्ट (BACK-LIFT) जितनी कम हो सके होनी चाहिए और बल्ले की स्थिति (POSITION) गेंदबाज की ओर पोंपिग क्रीज (POPOING CREASE) के आगे बल्ले के हैंडल (HANDLE) का रूख जमीन की ओर डेड–बैट (DEAD-BAT) की स्थिति में होना चाहिए यह स्ट्रोक (STROKE) केवल सुरक्षा स्थिति (DEFENCE POSITION) में खेला जाता है। यह केवल गीली (WET) स्टीकी (STICKY) विकेट पर ही खेला जाता है क्योंकि इस प्रकार की पिच

"बुढ़ापे की झुरियाँ आत्मा पर मत पड़ने दो"

(PITCH) पर गेंद की ऊँचाई, रफ्तार और कोण (ANGLE) बदलते हुए गेंद की दिशा को पता चलता है।

LEG GLANCE OF THE FRONT FOOT:

यह स्ट्रोक (STROKE) उस प्रकार की गेंद को खेलना सबसे अच्छा है जो मुख्य रूप से ऑन की तरफ (ON SIDE) या लेग स्टम्प के बाहरी (OUT SIDE THE LEG STUMP) पर बल्लेबाज के पैड के पास से निकले गेंद गुड लेंथ या हाफ–वैली (GOOD LENGTH OR HALF VALLY) को ही ऐसा खेलना चाहिए इसको खेलने के लिए बल्लेबाज़ को वही प्राथमिक सिद्धान्त प्रयोग करने पड़ते हैं जो कि ऑन के आगे वाले स्ट्रोक (FORWARD STROKE ON SIDE) पर खेलने के लिए किए जाते हैं। अन्तर केवल इतना है कि इसमें बांये पांव को गेंद की पंक्ति (LINE) में ले जाते हुए बल्ले से गेंद को पांवों के आगे आंखों की दृष्टि के नीचे रख दूर खेला जाता है, और इसमें बल्ला गेंद को खेलने के बाद पूर्ण रूप से घूम (TURN) कर जाता है। इसमें बल्ले को कलाई के साथ घुमाया जाता है। इस स्ट्रोक को खेलने के लिए बल्ले को बांये हाथ से सीधा गेंद की पंक्ति (LINE) में रखना चाहिए और दांये हाथ से बल्ले को घुमाने की शक्ति दी जानी चाहिए। हाथ बल्ले के हैंडल का गेंद के खेलने से पहले सीधा रख कर बल्ले की हैंडल और ब्लैड (BLADE) जमीन पर तैरता हुआ जाए और इसमें सिर की स्थिति बिल्कुल ठीक गेंद की पंक्ति (LINE) में अच्छी झुकी (WELL-DOWN) होनी चाहिए। इस स्ट्रोक के रचयिता श्री रणजीत सिंह थे।

LEG GLANCE OF THE BACK FOOT:

इसमें भी उसकी प्रकार की गेंद को खेला जाता है जिस प्रकार की आगे पांव (FRONT FOOT) में होना

चाहिए, लेकिन अन्तर केवल इतना है कि कि गेंद का पीछे पिच करना (SHOT OF LENGTH) होना बहुत जरूरी है और जिस प्रकार से हम पीछे पांव

(BACK FOOT) के स्ट्रोक (STROKE) को खेलने के अपने दांये पांव की पीछे विकेट की ओर ले जाकर खेलते हैं, इसी प्रकार इसमें दांया पांव मिड ऑफ (MID OFF) की तरफ पीछे विकेट की ओर ले जाकर और फिर बांये पांव को गेंद की पंक्ति (LINE) में रखकर बल्ले को ठीक आंखों के नीचे रखकर कर घुमाते हैं। दोनों प्रकार की GLANCE में बायें हाथ के द्वारा ही बल्ले का कन्ट्रोल (CONTROL) रखना चाहिए और BACK FOOT GLANCE में तेज (FAST) या कम ना अधिक धीमी रफ्तार (MEDIUM PACE) या थोड़ी सी रफ्तार वाले गेंद को अच्छा है।

POINTS:

1. बल्लेबाज को जब तक पूर्ण बल्लेबाजी का अभ्यास ना हो GLANCE जैसा स्ट्रोक नहीं खेलनां चाहिए और इसके लिए अभ्यास का होना बहुत जरूरी है।

2. जो गेंद सीधा या विकेटों की पंक्ति (LINE) में ही उस गेद को इस स्ट्रोक के द्वारा खेलना एल0बी0डब्ल्यू (LBW) आऊट होने का मौका देता है। यह स्ट्रोक केवल उसी गेंद पर खेलना चाहिये जो लेग स्टम्प के बाहर (OUT SIDE THE LEG STUMP) पर हो और न ही उस प्रकार की गेंद को खेलना चाहिए जो SWING OR TURN हो कर LEG से OFF SIDE की ओर जाते है।

3. जब तक बल्लेबाज का समय (TIMING, FOOT WORK) पावों की क्रिया ठीक न हो नहीं खेलना चाहिए।

CUTS:

जो गेदें आपकी ओर (OFF SIDE) पर शॉट पिच गेंद (SHORT PITCH BALL) होती है, उन्हे कट्स (CUTS) के अन्दर तीन प्रकार से खेला जाता है।

"आपका मन जो सोच सकता है, वह हासिल भी कर सकता है"

1- CUTS OF THE FRONT FOOT

2. CUTS ON THE BACK FOOT

3. LATE CUT

यह सत्य है कि कट स्ट्रोक हमेशा क्रास (CROSS BAT) बल्लों के साथ खेले जाते है, क्योंकि इससे एक तो गेंद को बचाव व अच्छे ढंग से कट (CUT) किया जाता है इसके लिए बल्लेबाज में अच्छी जांच, बल्लों का ठीक समय पर और अच्छी कलाईयों का इकट्ठा यानि एक साथ कार्य होना बहुत जरूरी है। जांच के समय गेंद की लेंथ (LENGTH) का ज्ञान होना या जांचना बहुत आवश्यक है यह भी आवश्यक है कि

बल्लेबाज अपने दोनों बाजुओं को बाहर की ओर और नीचे की ओर गेंद की दिशा ओर फेंक सके। बल्लेबाज के लिए उस समय कठिनाई हो जाएगी अगर वो बहुत ऊँचे उठने वाली गेंद को को विकेट के पास से निकलने वाली गेंद को कट्स (CUTS) करने की कोशिश करेगा इस लिए इन स्वींग, ऑफ स्पीन (IN SWING, OFF SPIN) या उस गेंद का जो बल्लेबाज को ऑफ साईड (OFF SIDE) से अन्दर की ओर आते है उनको खेलना हानिकारक है।

THE CUTS OF THE FRONT FOOT:

कट्स (CUTS) रन संख्या को बढ़ाने का एक विशेष खजाना है जो कि पीछे गिरने वाले (SHORT OF LENGTH) पर प्रयोग किया जाता है इसके अन्दर बल्लेबाज को चाहिए कि वो जो भी गेंद ऑफ साईड दी ऑफ स्टम्प (OFF SIDE THE OFF STUMP) पर शॉर्ट पीच (SHORT PITCH) हो बल्लेबाज ये अनुमान लगाए कि वह बाहर निकल कर आराम से खेल सकता है तो उसको खेलना चाहिए यह स्ट्रोक केवल शॉर्ट पीच गेंद जो कि काफी बाहर की तरफ (OFF SIDE THE OF STUMP) पर ऊपर (RISE) उठते है उनको खेलना चाहिए इसमें कलाईयों और हांथों की शक्ति गेंद के ऊपर सीधे बाजुओं के द्वारा गेंद के अन्दर शरीर के सामने ही प्रयोग करते है। इसमें दाई कलाई, बाई कलाई के ऊपर आती है, ताकि गेंद नीचे की ओर दब जाए इसमें भी पूल स्ट्रोक (PULL STROKE) की भांति दाये हाथ

का प्रयोग अधिक किया जाता है और बायें हाथ से बल्ले के हैंडल को शक्ति (SUPPORT) दी जाती है। जिससे बल्ले पूर्ण का कन्ट्रोल हो सकें।

THE CUTS OF THE BACK FOOT:

इस स्ट्रोक में दाया पांव पीछे की ओर और गेंद पंक्ति (LINE) में विकेंट की ओर ले जाया जाता है और गेंद को खेलते समय दाया चूतड़ (HIP) या उसके थोड़ा सा पीछे गेंद को खेला जाता है इसमें दाये पांव की ओर दाई चूतड़ (HIP) की हरकत स्ट्रोक (STROKE) को खेलते समय गेंद की पक्ति (LINE) और दिशा और निर्भर रहती है, दाये पॉव की ऐड़ी और दाई चूतड़ (HIP) की दिशा गेंद को खेलते समय कुछ प्वाइन्ट्स (POINTS) की दिशा में होनी चाहिए या जिस ओर (SIDE) में आप गेंद खेलना चाहते है। इसमें आगें पांव (FRONT FOOT) की भांति बल्ले और हाथों की क्रिया एक जैसी होती है और बाये पांव की ऐड़ी से वजन दायें पांव के ऊपर लाया जाता है और यह केवल ऐसा इन दोनो प्रकार का CUTS में ही होता है।

THE LATE CUTS:

जैसा कि इस स्ट्रोक (STROKE) के नाम से पता चलता है कि इसमें गेंद को काफी देर से पिंच (PITCH) करने के बाद खेला जाएगा। इसमें बल्लों के द्वारा गेंद के नीचे की तरफ दबाकर (TAP) किया जाता है ना कि मार (HIT) करके । इसमें दोनो कलाईयों की शक्ति को प्रयोग करके गेंद को गली या पहली स्लीप (FIRST SLIP) में खेला जाता है इसमें बांये पांव से वजन दांये पांव के घुटने पर लाया जाता है। जो कि कुछ झुका होता है। यह स्ट्रोक (STROKE) कम रफ्तार और सीधे गेंद को ऊपर (RISE) जो ऑफ स्टम्प (OFF STUMP) से काफी दूरी है जिसकी विकेट के अन्दर आने की कोई सम्भावना नहीं और गेंद शार्ट पिच (SHORT PITCH) हो या थोड़ा सा गुड लेन्थ स्पॉट (GOOD LENGHT SPOT) पर भी ही खेलना सुरक्षित है। इसमें बल्ले की दिशा पूर्ण रूप से स्लीप (SLIP) या गली (GULLY)

की दिशा में होनी चाहिए और आंखों की दृष्टि की दिशा और शरीर का गेंद की पंक्ति (LINE) में आना आवश्यक है।

THE BACK STROKE IN ATTACK:

पीछे टांग ले जाकर तेज मारना यह स्ट्रोक पीछे टांग ले जाकर सीधे अथवा ऑफ (OFF) स्टम्पों (STUMPS) के बाहर शार्ट पिच (SHORT PITCH) आते गेंद को सीधे बल्ले से ऐसे मारना चाहिए कि गेंद बल्ले के स्वीट–पार्ट (SWEET PART) के बीच ही ले जिससे कि गेंद की रफ्तार और तेज हो सके। यह स्वीट पार्ट उसे कहते कि बल्ले के नीचे के हिस्से से चार इंन्च स्थान छोड़कर आगें का चार या पांच इन्च हिस्सा स्वीट–पार्ट (SWEET PART) कहलाता है। बल्ले को पीछे सीधा तथा ऊँचा उठाने के साथ ही दांया–पांव (CREASE) के बराबर और गेंद की सीध से थोड़ा सा पीछे स्टम्पों की तरफ ले जाना चाहिए और बांया पावं दाये–पांव के पीछे आना जरूरी है दोनों पावों का आपस में इतना फासला होना चाहिए कि शरीर का वजन काबू रहे शरीर का वजन दायें पांव पर और बायें पांव का पंजा (TOE) ही जमीन से लगा रहना काफी है। गेंद को मारते समय बल्लेबाज के दोनों हाथ हैंडल पर सख्त हो और दोनों हाथों के बीच फासला नहीं होना चाहिए बांई कोहनी हैंडल के बिलकुल ऊपर होनी चाहिए जो कि गेंद को जमीन के साथ लगता हुआ जाने में सहायता करेगी। गेंद को मारने के बाद दोनों बाजू सीधे करके बल्ले को गेंद की सीध में ले जाना बड़ा जरूरी है। जो गेंद पिच (PITCH) करने के बाद बल्लेबाज की तरफ ऊँचा आ रहा हो उस गेंद को सीधे बल्ले के साथ तेज मारने से संकोच करना चाहिए।

HOOK AND PULL STROKES:

इन दोनों स्ट्रोक्स के सही ढंग के उल्लेख की कोशिश से पूर्व हुक (HOOK) और पुल (PULL) स्ट्रोक के अन्तर को जान लेना आवश्यक है।

"यदि तुम कुछ लेना चाहते हो कुछ देना सीखो"

THE HOOK STROKE:

हुक स्ट्रोक (HOOK STROKE) के द्वारा ऐसी शॉर्ट ऑफ लेन्थ (SHORT OF LENGTH) गेंदे जो स्टम्प की सीध में या आन साइड की ओर (ON SIDE) या LEG SIDE की ओर बाहरी ऊँची उठती है उसे फाइन–लेग (FINE-LEG) पर क्रास (CROSS) बल्ले से खेला जाता है। हुक स्ट्रोक का आरम्भ करने के लिए बल्ले को गेंद की दिशा (LINE) के पीछे जाकर थोड़ा सा बाहर की ओर इस प्रकार खेला जाता है और शरीर पूर्ण रूप से खुला हो और इस प्रकार दायां पांव बढ़ाया जाता है कि वह गेंद की दिशा (LINE) के ठीक पीछे को हो और पांव की टो (TOE) लगभग स्टम्प की ओर हो इसमें शरीर दायें पावं की टो (TOE) पर धुमता है। हुक स्ट्रोक के अन्त में शरीर उस दिशा में जाना चाहिए जिस दिशा में आपने स्ट्रोक खेला है तथा शरीर और सिर स्ट्रोक की दिशा में झुके रहते हैं, दांई–कलाई को बांई कलाई के ऊपर से ले जाया जाता है जिससे गेंद नीचे की ओर होती है बांया–पांव भी स्ट्रोक की ओर आगे ले जाकर शरीर का वजन बांये–पांव से हटाने के बाद दांये–पांव पर ले जाया जाता है।

THE PULL STROKE:

पुल–स्ट्रोक को खेलने के दो ढंग हैं।

1- ऐसी शार्ट ऑफ लेन्थ (SHORT OF LENGTH) गेंद जो ऑफ–स्टम्प (OFF STUMP) के बाहर हो, स्टम्प की सीध में हो या लैग–स्टम्प (LEG-STUMP) के बाहर हो, उसे आन–की तरफ (ON SIDE) पर खेला जाता है इसमें दांये–पांव को शीघ्रता से पीछे इस प्रकार ले जाया जाता है कि शरीर ठीक गेंद की पंक्ति (LINE) में शीघ्रता से हो जाए।

HANDS इस स्ट्रोक में दोनों हाथ कुछ दूर रहते हैं तथा इस स्ट्रोक (STROKE) में ऊपर के हाथ (BOTTOM-HAND) का मुख्य कार्य है ऊपर के हाथ को कुछ ऊपर लाया जाता है जिससे गेंद नीचें को दबती है दांया–हाथ स्ट्रोक को शक्ति प्रदान करता है गेंद और बल्ले के मिलने के समय

बाजू लग–भग पूर्ण रूप से सीधे होते हैं तथा सिर को सम्भवतः स्थिर तथा दृष्टि गेंद पर केन्द्रित होनी चाहिए। बल्ले को कलाईयों और बाजुओं द्वारा नीचे तथा आगे, की ओर शरीर के साथ–साथ लाया जाता है।

2.**पुल–स्ट्रोक** (PULL-STORKE) के खेलने का दूसरा ढंग इस प्रकार है कि अगले पांव को आगे गेंद, के सामने ले जाकर फुल–टॉस (FULL-TOSS) गेंद को या हाफ– वैली (HALF-VALLEY) को आन की ओर (ON-SIDE) पर खेला जाये। यह स्ट्रोक स्वीप–शार्ट (SWEEP-SHOT) के समान ही है परन्तु स्वीप–शॉट में अधिकतर गेंद केवल फाइन–लैग (FINE-LEG) की दिशा में जाती है।

POINTS:

हुक और पुल स्ट्रोक (HOOK AND PULL-STROKE) की मध्य नजर रखने की कुछ बातें इस प्रकार से हैं:

1. किसी भी नये गेंदबाज के विरूद्ध जब तक की आप पूर्ण रूप से सेट (SET) न जो जाये, पुल तथा हूक स्ट्रोक को खेलने की कोशिश न की जाए।
2. जब पिच पर गेंद बैठती (LOW) हो तो इन स्ट्रोक्स को कभी नहीं खेलना चाहिए।
3. जब किसी तेज (FAST) या धीमी (MEDIUM PACE) गेंदबाजकी गेंद जो बल्लेबाज से काफी दूर घूमती (TURN) या स्वींग (SWING) होती है तो ये दोनों स्ट्रोक्स नहीं खेलने चाहिए।
4. गूड–लेन्थ (GOOD LENGTH) गेंद को इन स्ट्रोकों की कोशिश कभी नहीं करनी चाहिए।
5. तेज पिच (FAST-PITCH) पर पर ये स्ट्रोक्स खेलना खतरनाक (RISKY) है।
6. यदि आपके पांव उचित तथा सही स्थिति में न हो तो इस स्ट्रोक की कोशिश कभी नहीं करनी चाहिए।

"शिक्षार्थी बिना विनय के कुछ नहीं सीख सकता"

7. अधिकतर अच्छे कोच और खिलाड़ियों का विचार है कि पुल और हुक स्ट्रोक्स (PULL AND HOOK STROKES) खेल के प्रारम्भिक अवस्था में नहीं सिखाना चाहिए और न ही खेलना चाहिए।

THE SWEEP STROKE:

आप अगर एक धीमी रफ्तार के स्पीनर के विरूद्ध बल्लेबाजी कर रहें जो कि अधिकतर ओवर पिच (OVER PITCH) गेंद फेंकता है या थोड़ा सा लैग–स्टम्प (LEG-STUMP) के बाहरी गेंद फेंकता है आप उस गेंद को किस ढंग से खेंलेगें यह प्रश्न अच्छे क्रिकेट खिलाड़ियों के लिए काफी महत्त्व रखता है। जिन बल्लेबालों को सीधा बल्ला रख कर खेलने की आदत है उनका उत्तर ऑन–ड्राइव, लेग–ग्लान्स ओर डिफेन्सीव शॉट (ON DRIVE, LEG GLANCE OR DEFENCE STROKES) के बीच होगा, लेग–ब्रेक (LEG-SPIN) के विरूद्ध ON DRIVE खेलना बहुत ही होशियारी का काम है क्योंकि खेलने वाला अपने अगले पांव को आगे बढ़ा कर लैग–स्टम्प को बाहर रख कर खेलेगा और क्लीन–बोल्ड होने के लिए रास्ता साफ कर देगा जब कि गेंद लेग की ओर से काफी टर्न है। इस प्रकार से खिलाड़ी अपनी दूसरी रोकने वाली पंक्ति –स्टम्प को बचाने के लिए भी हाथ खो से बैठता है और फिर बल्ले के किनारे से लगकर कैच–आउट (CATCH-OUT) होने की भी सम्भावना होती है। ऑफ–स्पीनर (OFF SPINER) के विरूद्ध बिलकुल रोक कर खेलना भी शीघ्र शार्ट लैग (SHORT-LEG) और लैग–स्लीप (LEG-SLIP) में फील्डर को अधिक तौर पर गेंद बल्लें के अन्दर के किनारे से लग कर लोप देने की सम्भावना उत्पन्न कर देता है। इन हालात से बचने के लिए और साथ ही गेंदबाज पर सुरक्षित ढंग से हमला करने के लिए स्वीप–शॉट (SWEEP-SHOT) का प्रयोग किया जा सकता है।

स्वीप–शॉट के लिए अगली टांग को आगे गेंद की ओर पिच पर बड़ा कर और बल्ले को गेंद की पंक्ति पर ला कर जहां से की उसने अपनी दिशा बदलनी है हॉरिजेन्टल (HORIZONTAL) बल्ले पर खेलना चाहिए। इस प्रकार गेंद स्क्वायर–लैग के पीछे की ओर जाएगा। यहां पर दो महत्वपूर्ण बातें याद रखने

की है। पहली यह कि गेंद को अवश्य ग्राउण्ड पर हिट (HIT) किया जाए यह तभी हो सकता है जब कि कलाई को घुमा कर बल्ले को स्वीप किया जाए और बल्ले को गेंद की पिच होने की पंक्ति (TOP OF THE LINE) पर रख कर स्वीप किया जाए बल्ले के फेस (सामने वाला भाग) को बन्द किये बिना लेग–ब्रेक के विरूद्ध स्वीप करना गेंद को स्कुअर लेग (SQUARE LEG) की ओर आकाश में फेंकने से लोप (CATCH) होने का खतरा है क्योंकि गेंद को बल्ले के ऊपर–किनारे पर लगना होता है जिससे की आकाश में गेंद ऊँचा जाता है।

दूसरा इस बात को ध्यान भी रखना चाहिए कि अगले पांव की स्थिति बिलकुल ठीक हो यह इस ढंग की होनी चाहिए जो कि गेंद और स्टम्प के सीधी पंक्ति में आए इस बात का ध्यान इस लिए रखना चाहिए कि गेंद लैग से घूम कर स्टम्प में न जा लगे। यह बात लैग–स्पीनर के विरूद्ध बहुत ही महत्वता रखती है। बल्ला गेंद की पंक्ति पर स्वीप करता है इस लिए गेंद की टर्न (TURN) को मिटा देता है। जैसे ही समतल (HORIZONTAL) बलेड़ ब्रेक के विरूद्ध बचाता है उसी तरह से सीधा या खड़ा (PERPENDICULAR) बलेड़ एक सीधे गेंद की ऊँचाई के अन्तर से स्टम्प होने से बचाता है।

स्वीप–शॉट अगर ठीक प्रकार से खेला जाए तो बहुत से रन दे सकता है क्योंकि बहुत कम ऐसा होता है कि स्कुअर–लेग (SQUARE

LEG) के पीछे कोई फील्डर हो इसलिए चार रन मिलना तो आवश्यक है और चार रन मिलने के मौके बहुत अच्छे होते हैं इससे अधिक यह शॉट जहरीले शार्ट–लैग गेंद के लिए एक चमत्कार बना है। अगर शार्ट–लैग पर फील्डर खड़ा हो तो बल्लेबाज को चाहिए कि गेंद से बचने के लिए पीछे हो जाए और गेंद के लिए रास्ता साफ कर दे।

लैग–ब्रेक गेंद को मारते समय इस का ध्यान रखना चाहिए कि गेंद लैग–स्टम्प के बाहर की तरफ पिच करे ऑफ स्पीनर के विरूद्ध खेलने के लिए बहुत ही सावधानी से प्रयोग करना चाहिए जब ऑफ–स्पीनर ओवर दी विकेट, बार–बार गेंद को टर्न करे तो इस हालात में बल्लेबाज शॉट लगाने का खतरा ले सकता

" जिंदगी का सफर मानो तो मौज है वरना समस्या तो रोज है"

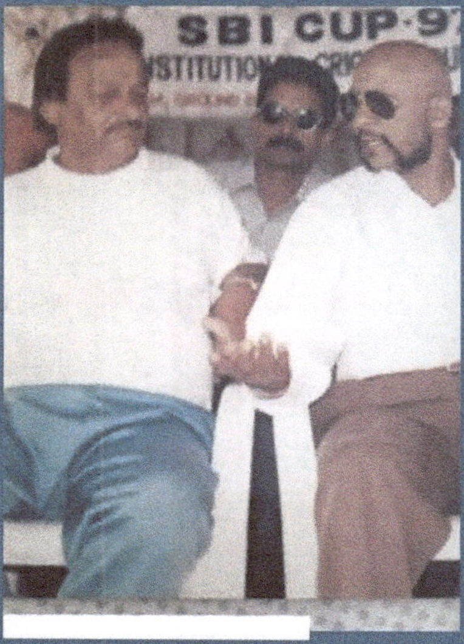
SBI CUP

है, जबकि गेंद लैंग–स्टम्प पर पिच कर रहा हो क्यों कि वो गेंद, छोड़ने का कोर जमा बगैर गेंद को स्टमपस पर लगने से बचा देगी अगर ऐसी गेंद को न भी खेला जाए तो भी कोई बात नहीं लेकिन ऑफ–स्पीनर रॉउण्ड दी विकेट गेंद दे रहा है तो भी इस गेंद की मामूली नहीं समझना चाहिए क्योंकि गेंद के कोर में अन्तर होता है। इस शॉट में अगले पांव की स्थिति को ठीक लाना बहुत जरूरी है।

BLIND SPOT:

जों गेंद गुड–लैन्थ (GOOD-LENGTH) पर मिडल और लेग स्टम्प में पड़ता है और बल्लेबाज दोहरे विचार से आगे की ओर या पीछे की ओर अपने स्टान्स (STANCE) में बिना हिले गेंद को खेलना चाहता है ऐसे समय हॉफ–कॉक (HALF-COCK) स्ट्रोक सबसे अधिक बचाव वाला है, क्योंकि बल्लेबाज ऐसे समय में अगर अपनी जगह पर खड़े होकर खेलेगा तो उसे पूर्ण रूप से गेंद बीट (BEAT) होकर बोल्ड (BOWLED) कर सकता है या उसके बल्ले के किनारे (EDGE) से लग कर लोप (CATCH) दे सकता है। इस बल्लेबाज को बड़ी अच्छी दृष्टि से गेंद की रफ्तार और लेन्थ को देखकर पूरी एकाग्रता (CONCENTRATION) के साथ बल्लेबाज को ऐसे समय पर खेलना चाहिए। ब्लाइन्ड–स्पाट (BLIND SPOT) बल्लेबाज के व्यक्तिगत खेल के ऊपर और उसके खेलने का ढंग पर बनता है।

ART OF BOWLING

गेंदबाजी की कला

GENERAL INSTRUCTION :

क्रिकेट में मैंच जीतने या कम रन संख्या बनने देने और आसानी से बल्लेबाज को आऊट करने के लिए गेंदबाजी की अच्छी जानकारी होनी चाहिए, अच्छी जानकारी के लिए निम्नलिखित ढंग है :–

TYPES OF BOWLING: गेंदबाजी की किस्में:

1. PACE BOWLING. 2. SPIN BOWLING

I. <u>PACE BOWLING:</u>

इस प्रकार की गेंदबाजी के अन्दर मुख्य रूप से दो प्रकार की गेंदबाजी आती है जिन्हें इन–स्वींग (IN SWING) और आऊट–स्वींग (OUT SWING) का नाम दिया जाता है हमें स्वींग के लिए तीन मुख्य बातों का ध्यान देना बहुत जरूरी है।

I. वातावरण में दबाव अधिक स्वींग करने में सहायता देता है।

II. वायु की दिशा गेंद करने वाले के हक में होनी चाहिए।

III. गेंद की चमक (SHINE) होनी जरूरी है और गेंद की सीम अच्छी तथा ठीक होनी चाहिए।

यह तीन बातें अगर गेंदबाज अपने ध्यान में रखे और उसके साथ ही लेन्थ (LENGTH) और दिशा (DIRECTION) गेंद की हो तो वह बल्लेबाज को मुश्किल में डाल सकता है।

LENGTH :

क्रिकेट में लेन्थ (LENGTH) अर्थ गुड–लेन्थ (GOOD LENGTH) गेंद के टिप (PITCH) करता है उसे लेन्थ (LENGTH) कहते हैं। यह उस प्रकार का गेंद है जो कि बल्लेबाज को घबराहट में कन्फ्यूज कर दे कि इस

गेंद को आगे खेला जाए या पीछे खेला जाए। गुड–लेन्थ (GOOD-LENGTH) गेंद बल्लेबाज की ऊँचाई (HEIGHT) के अनुसार अलग–अलग प्रकार से है और कई जगह पर यह पिच (PITCH) के ऊपर भी निर्भर है इस प्रकार का गेंद जो पिच होता है उसे लेन्थ (LENGTH) कहते हैं या जिस पर हम बिना खतरे (RISK) से स्कोर न कर सकें।

DIRECTION:

क्रिकेट में दिशा (DIRECTION) का अर्थ यह है कि जब गेंदबाज अपनी इच्छा के अनुसार गेंद फेंके कि गेंदबाज ने किस दिशा में कहां फेंकनी है इस दिशा की पीछे जो अर्थ छुपा है वो लेन्थ (LENGTH) और दिशा (DIRECTION) पर काबू (CONTROL) पाना है। निम्नलिखित नियमों का गेंदबाज को ध्यान रखना चाहिए :–

1. गेंद करने से पहले आपने जहां से दौड़ कर आना है (RUN-UP) का निशान लगाना चाहिए।
2. यह बात गेंदबाज ध्यान में रखे कि कौन सी गेंद करने जा रहा है और जिस स्थान पर वह गेंद को फेंकना चाहता है उसी स्थान पर गेंद को पिच (PITCH) करने में सफल हो।
3. गेंदबाज लगातार एक ही रफ्तार से दौड़े।
4. गेंद फेंकने के समय उसका आखिरी कदम जो कि बड़ा होगा और उस समय उसका दायां पांव बॉलिंग–क्रीज के समानान्तर होगा उसका इस समय बायां–हाथ ऊपर और सिर (HEAD) बायें बाजू की तरफ (SIDE WAYS) होगा। जब गेंदबाज गेंद फेंके तो उसके शरीर का वजन अगले पांव पर हो और गेंदबाज को लम्बाई का पूरा लाभ उठाना चाहिए। गेंद करने वाली बाजू कुछ ऊपर हो जब कि उसने गेंद करना हो तो उसकी बांई बाजू और बांई–टांग ऊपर को उठी हो और पूरा फालो–थ्रो (FOLLOW THROUGH) करना चाहिए।

"ज्ञान ही सबसे बड़ी अच्छाई है और अज्ञानता सबसे बड़ी बुराई"

TYPES OF SWING:

1. OUT-SWING आउट–स्वींग
2. IN-SWING इन–स्वींग
3. LATE-SWING लेट–स्वींग

OUT SWING:

उस प्रकार की गेंद को कहते हैं जो टिप या पिच होने के बाद अपनी दिशा बदल कर बल्लेबाज से बाहर की ओर जाता है।

THE GRIP : पकड़

इसके अन्दर गेंद की सीमस (SEAMS) की दिशा पहली–स्लीप की ओर हो और हाथ की पहली दो उंगलियां गेंद के ऊपर सीमस (SEAMS) को दो भागों में बांटती हुई और हाथ का अंगूठा सीमस (SEAMS) के ठीक मध्य में नीचे हो। आऊट–स्वींग, इन–स्वींग से काफी मुश्किल है अच्छे से अच्छे बल्लेबाज के लिए अगर गेंद की फ्लाइट (FLIGHT) और और दिशा (DIRECTION) ठीक हो तो उसके लिए काफी कठिनाई पैदा हो सकती है पकड़ (GRIP) की स्थिति गेंद को पकड़ने में गेंदवाज की इस प्रकार की होनी चाहिए कि उसको उसके क्रिया (ACTION) की स्थिति में आराम दे।

ACTION : क्रिया

इस ढंग की गेंद करते समय वही प्राथमिक नियम लागू होते हैं जो गेंदबाज को सीखने में लागू होते हैं लेकिन इसके अन्दर फालो–थ्रो (FOLLOW THROUGH) करते समय गेंदबाज का दांया–हाथ अन्त में गेंदबाज की बांई–टांग (LEFT-THIGH) बाहर की ओर से निकलना चाहिए। जिस समय गेंदबाज गेंद को अपने हाथ से छोड़ता है उस समय उसकी हाथ की कलाई (WRIST) का कोण जितना सीधा और उसका दांया कंधा स्टैडी (STEADY) स्थिति में होगा उतना ही अच्छा है और गेंद की क्रिया

'जो खो गया, उसके लिए शोक न करो, जो बचा है उसका मूल्य समझो''

(ACTION) में जिस समय गेंदबाज गेंद को छोड़ता है। उस समय गेंदबाज को बांये–कन्धे के ऊपर से देखते हुए गेंदबाज को हवा में तैरते हुआ छोड़ना चाहिए इस प्रकार गेंद करने से कई बार प्राकृतिक ढंग से भी गेंद की स्वींग (SWING) में बढ़ौती होती है।

IN SWING : इन–स्वींग

उस प्रकार की गेंद को कहते जो कि पिच (PITCH) होने के बाद बाहर से बल्लेबाज की ओर अन्दर को आता है।

THE GRIP : पकड़

इसके अन्दर हाथ की पहली दो उंगलियां सिलाई (SEEMS) के साथ और थोड़ा अन्दर की ओर होना चाहिए और हाथ का अंगूठा उंगलियों के ठीक नीचे की ओर होना चाहिए। सिलाई (SEAM) की की दिशा गेंद को पकड़ते समय और फेंकते समय फाईन–लैग (FINE-LEG) की ओर होनी चाहिए। इसमें कोई शक नहीं कि इन–स्वींग गेंद करना आऊट–स्वींग गेंद करने से आसान है।

ACTION : क्रिया

इस ढंग की गेंद करने के लिए वही प्राथमिक सिद्धान्त चाहिए जो कि आऊट–स्वींग (OUT-SWING) के लिए लागू होते हैं अन्तर केवल इतना है कि इसके अन्दर फालो–थ्रो (FOLLOW-THROUGH) में हाथ को बाई–टांग (LEFT-THIGH) के बाहर की बजाए अपनी ऑफ–साइड (OFF-SIDE) के पास से निकालना चाहिए और गेंद करते समय गेंदबाज का गेंद करने वाला हाथ सिर (HEAD) और कान के पास के छूता होकर निकले और हाथ की कलाई का कोशा और दांये हाथ की कन्धे की स्थिति थोड़ी सी एक तरफी (SLIGHTLY SIDE WAYS) दिशा में होनी चाहिए।

LATE SWING : लेट–स्वींग

उस प्रकार की गेंद को कहते हैं जो पिच होने से पहले हवा में कुछ रूक कर आती है यह कुदरती तौर पर हो जाती है।

LEG CUTTER : लेग कटर

यह गेंद अधिक तौर पर टीप (PITCH) करने के बाद बल्लेबाज से बाहर की दिशा में जाती हैं।

THE GRIP : पकड़

इसके अन्दर दोनों उंगलियां गेंद की सिलाई (SEAM) की बाहरी ओर (OUT-SIDE) पर होनी चाहिए दूसरी उंगली बॉलिंग करते समय गेंद की सिलाई (SEAM) के किनारे (EDGE) पर होनी चहिए और गेंद करते समय उंगलियां सिलाई के ऊपर दायें से बांये की ओर फिसलनी चाहिए। इस प्रकार की बॉलिंग करते समय कलाई (WRIST) का ळाबू (CONTROL) होना बहुत जरूरी है नहीं तो यह लेग–स्पीन (LEG SPIN) का रूप धारण कर लेगी।

ACTION: क्रिया

इसके अन्दर वहीं सिद्धान्त प्रयोग होते हैं जो कि आऊट स्वींग (SWING) बॉलिंग के अन्दर प्रयोग किए जाते हैं।

OFF CUTTER: ऑफ कटर

यह गेंद बल्लेबाज को बाहर से अन्दर की ओर अ ती है।

THE GRIP: पकड़

इसके अन्दर गेंदबाज की पहली उंगली अधिक कार्य करती है इसमें उंगलियों का सिलाई (SEAM) पर फिसलना लेग–कटर (LEG-CUTTER) के विरूद्ध होता है जो कि बांये से दांये (LEFT TO RIGHT) को होता है।

"समझनी है जिंदगी तो पीछे देखो, जीनी है जिंदगी तो आगे देखो"

ACTION: क्रिया

इसके अन्दर वही सिद्धान्त प्रयोग होते हैं जो इन–स्वींग (IN-SWING) बॉलिंग के अन्दर प्रयोग किये जाते हैं।

LEG-CUTTER OR OFF-CUTTER

FOLLOW-THROUGH

इन दोनों प्रकार की बॉलिंग के अन्दर उसी प्रकार फालो–थ्रो (FOLLOW-THROUGH) होना बहुत जरूरी है जिस प्रकार से हम दोनों प्रकार की स्वींग (SWING) बॉलिंग के अन्दर करते हैं।

SPIN - BOWLING

स्पीन–गेंदबाजी के अन्दर मुख्य रूप से दो प्रकार की गेंदबाजी आती है जिन्हें ऑफ–स्पिन (OFF-SPIN) और लेग–स्पीन (LEG-SPIN) का नाम दिया जाता है जिन्हें करने की विधियां इस प्रकार हैं।

OFF SPIN : ऑफ स्पीन

उस प्रकार की गेंद को कहते है जो टीप (PITCH) होने के बाद बाहर से घूम कर अन्दर बल्लेबाज की ओर आती है।

THE GRIP: पकड़

ऑफ–स्पीन (OFF-SPIN) के अन्दर गेंदबाज की पहली (FIRST) उंगली का ऊपर का जोड़ (KNUCKLE JOINT) लीवर का काम करता है। गेंद को पकड़ते समय दोनों उंगलियों में जितने स्थान का आपस में अन्तर होगा और पहली उंगली का ऊपर जोड़ (KNUCKLE JOINT) गेंद को जितना दबाव डालता हुआ घुमाएगें उतना ही अधिक गेंद घूमकर (TURN) जाएगा। अधिक घूमाने (TURN) के लिए हाथ की कलाई (WRIST) बाहर की ओर

से घड़ी की सुईयों की भांति घूमना जरूरी है। अतः कलाई (WRIST) की दिशा आमतौर पर बायें से दांये की ओर बहुत जरूरी है।

ACTION : क्रिया

ऑफ–स्पीन (OFF-SPIN) में बॉलिंग के प्राथमिक सिद्धान्तों के साथ–साथ जितना भी हो सके शरीर का एक तरफी (SIDE WAYS) होना बहुत जरूरी है और जिस समय गेंद किया जाता है उस समय हाथ सिर के ऊपर से निकलना चाहिए तथा गेंद को फ्लाइट (FLIGHT) देने के लिए हवा में छोड़ना बहुत जरूरी है इसके साथ ही गेंदबाज का पूर्ण फालो–थ्रो होना (FOLLOW THROUGH) चाहिए। स्पिन के अन्दर गेंदबाज को गेंद करते समय बॉलिंग में तबदीली करते रहना बहुत जरूरी है ऑफ–स्पीनर को कभी–कभी लेग–कटर (LEG-CUTTER) जो कि मध्य तेज रफ्तार से फेंका जाता है का प्रयोग करना चाहिए और टॉप–स्पीन (TOP SPIN) का प्रयोग भी करना चाहिए।

LEG SPINER : लेग–स्पीनर

उस प्रकार की गेंद को कहते है जो पिच होने के बाद अन्दर से घूम कर बल्लेबाज के बाहर की ओर जाती है।

THE GRIP, ACTION OR FOLLOW THROUGH:

लेग स्पीन के अन्दर गेंद की सिलाई (SEAM) को थर्डमैन (THIRD MAN) की ओर रखना चाहिए। जिससे की पहली, दूसरी और तीसरी उंगलिया सिलाई (SEAM) को काटती है। इसमें कलाई (WRIST) को ऊपर उल्टाने से पहले तीनों उंगलियां एक के पीछे सिलाई (SEAM) को ढकने (COVER) के समान कर लेती है तीसरी उंगली अच्छी प्रकार मुड़ी हो और गेंद की सिलाई (SEAM) तीसरी उंगली के दूसरे, तीसरे जोड़ (JOINT) के बीच में तथा सिलाई (SEAM) को अन्दर की ओर दबाते हुए होनी चाहिए। छोटी उंगली तीसरी उंगली के पीछे ही रह जाती है और गेंद के साथ नहीं

लगती, अंगूठे का ऊपरी हिस्सा सिलाई, के बाहर होता है जो कि गेंद को अन्दर की ओर उंगलियों की दिशा में दबाता है गेंद को केवल उंगलियों से ही पकड़ना चाहिए गेंद कभी भी हथेली (PALM) के साथ नहीं लगना चाहिए। गेंद को फेंकते या छोड़ते समय उंगलियां उल्टी घड़ी की भांति घूमनी चाहिए जिससे की पूर्ण रूप से तीसरी उंगली के जोर और दबाव के साथ घुमाने से

अधिक स्पिन (SPIN) आ जाती है। पहली ओर तीसरी उंगली के ऊपर जोड़ (JOINT) शीघ्रता से घूमते है हाथ शीघ्रता से घूमकर गेद को छोड़ने के बाद नीचे ऑफ–साइड (OFF-SIDE) की ओर फेस करता (FACE) हुआ नीचे आ जाता है। लेग–स्पिन (LEG-SPIN) करने के लिए हमेशा तीसरी उंगली के बीच के जोड़ (JOINT) और पहली उंगली के ऊपर के पोटे (TIP) में आपस में दूरी होती है। लेग–स्पिन गेंद को टीप (PITCH) करवाना अच्छा यही रहता है कि उसे लेग–स्टम्प (LEG-STUMP) की दिशा में टीप (PITCH) करवा कर ऑफ–स्टम्प (OFF-STUMP) की दिशा में घुमाना (TURN) चाहिए। लेग स्पिन (LEG SPIN) भी गेंदवाजी के अन्दर दूसरी प्रकार वेराइटी (VARIATION) की गेंद है।

TOP - SPIN: टॉप–स्पीन

उस प्रकार की गेंद जो टीप (PITCH) होने के बाद घूमे (TURN) न और सीधी ही रह जाए टाप–स्पीन गेंद कहलाती है।

THE GRIP, ACTION OR FOLLOW THROUGH:

इस प्रकार की गेंदबाजी की ग्रीप और क्रिया (ACTION) बिलकुल लेग–स्पीन (LEG-SPIN) की भांति है लेकिन इसमें गेंद पीच करने के बाद घुमते (TURN) न होते हुए बल्लेबाज की और सीधी जाती है। इसका अभ्रिप्राय यह भी है कि कई बार गेंदबाज लेग–स्पीन करवाने की कोशिश करता है लेकिन विकेट के कारण से गेंद नहीं घूमती (TURN)।

"इंतजार करने वालों को सिर्फ उतना ही मिलता है जितना कोशिश करने वाले छोड़ देते हैं"

PRCACTICES FOR A SPINNER:

i. The role of the spinner is to attack, Length, direction and variation of flight should be maintained.

ii. The faster the pitch, the more he must try to give flight to deceive the batsman, at times, even bowling wide on the off to induce the batsman to chase the ball.

iii. On a 'dead' pitch level a little faster, not allowing the batsman to play off the back foot. The object of a spinner is to induce the batsman out of the crease.

iv. On a really difficult pitch, accuracy is everything. Concentrate on length, direction and normal spin and the wicket will do the rest.

1. A correct grip.
2. A smooth and economical run-up.
3. An easy, rhythmical, and well-balanced delivery, making full use of his height and body.
4. A deliberate and fluent follow-through.

GOOGLE: गूगली

उस प्रकार की गेंद को गुगली कहते हैं जो लेग–ब्रेक (LEG BREAK) की क्रिया (ACTION) में ऑफ–ब्रेक (OFF BREAK) हो । बल्लेबाज ऐसी गेंद को लेग–स्पीन (LEG-SPIN) समझ कर खेलनें की गलती करता है। अच्छे लेग–स्पीनर को गुगली (GOOGLY) अवश्य सीखनी चाहिए।

THE GRIP, ACTION OR FOLLOW THROW:

इसके लिए पकड़ (GRIP) और क्रिया (ACTION) लेग–स्पीन (LEG-SPIN) की भांति भी है लेकिन अन्तर केवल इतना ही है कि जब गेंदबाज गेंद

"गर्व ने देवदूतों को भी नष्ट कर दिया"

छोड़ने के बाद फालो–थ्रो (FOLLOW THROUGH) करता है तो उसके हाथ की कलाई (WRIST) का सामने का भाग और हथेली (PALM) बल्लेबाज की ओर पूर्ण रूप से होती है ओर गेंद तीसरी और छोटी उंगली के ऊपर से निकलता है इस क्रिया (ACTION) को करने के लिए गेंदबाज का बांया कन्धा और बांया–पांव का पंजा (TOE) सीधा बल्लेबाज की ओर ही होना चाहिए न कि फाईन–लेग (FINE-LEG) की ओर हो और जब गेंदबाज फालो–थ्रो (THROUGH) सम्पूर्ण करता है तो उसका बांया हाथ पूर्ण रूप से बल्लेबाज की ओर जरूर होना चाहिए। गुगली (GOOGLY) एक प्रकार की लेग–स्पीन ही होती है लेकिन गेंद टीप (पिच) करने के बाद व बल्लेबाज के लिए ऑफ–स्पीन हो जाए। हम इसको इस ढंग से भी कह सकते हैं कि ऑफ स्पीन (OFF-SPIN) गेंद को लेग–स्पिन (LEG-SPIN) की क्रिया (ACTION) में करना। गुगली (GOOGLY) को दूसरा नाम बौसी (BOSIE) या रौंगवन (WRONGUN) दिया जाता है इस स्पीन (SPIN) का आविष्कार इंग्लैण्ड के प्रसिद्ध गेंदबाज बी.जे.टी बासनकुइट (B.J.T.BASANQUET) के द्वारा हुआ था जो कि ऑक्सफोर्ड यूनिवर्सिटी (OXFORD UNIVERSITY) और मिडलैक्स (MIDDLEX) के खिलाड़ी थे।

CHAINA MAN: चाइना–मैन

बांये हाथ से जो गेंदबाज गुगली (GOOGLE) करवाता है उसे (CHINAMAN) कहते हैं। चाइना–मैन गेंद बायें हाथ से गेंद करने वाले गेंदबाज होता है जो कि बांये हाथ से बल्लेबाज को लेग–स्पीन करता है लेकिन अगर लेग–स्पिन की बजाए ऑफ–स्पिन गेंदबाज करवाए तो हम उस बायें हाथ के गेंदबाज के लिए गुगली का नाम दे सकते हैं।

SWERE: सवर

जो गेंद अपनी दिशा टीम (PITCH) होने से पहले बदल ले उसे सवर (SWERE) कहते हैं।

"नर्क का रास्ता नेक ईरादों से पटा है"

LATE SWERE: लेट सवर

जो गेंद हवा में टीप होने से पहले रूक कर अपनी दिशा बदले उसे लेट सवर कहते हैं।

LEG-THEORY: लेग–थ्योरी

लैग–**थ्योरी** का भाव अर्थ यह है कि गेंदबाज की गेंद को लगातार लैग–स्टम्प (LEG-STUMP) की दिशा में फेंकने के साथ–साथ आकस्मात ऐसी शार्ट (SHORT) गेंद के जो गिरने के बाद काफी उछलने के साथ ही साथ अपनी गति में भी कुछ तेजी ले आए ऐसे गेंद को बम्पर–गेंद के नाम से भी पुकारा जाता है ऐसी गेंद का फल यह होता है कि बल्लेबाज घबरा कर बिना सोंचे समझे अपनी रक्षा के लिए खेलने के लिए बल्ला बढ़ा देता है जिससे आसानी से गेंद गेंदबाज की ओर मिड–ऑफ या मिड–आन की तरफ उछल जाती है इस प्रकार की गेंदबाजी को बाडी–लाइन (BODY-LINE) के नाम से पुकारा जाता है और बल्लेबाज लोप–आउट (CATCH OUT) हो सकता है। इसे ही लेग–थ्योरी कहते हैं।

KEY POSITION IN BOWLING:

गेंदबाजी के अन्दर मुख्य बातें आखरी (LAST) कदम पर बांये पांव या आगे बांये पांव कूदना (JUMP) और उसके साथ ही शरीर को एक तरफी (SIDE WAYS) कर लेने के साथ ही साथ बायें हाथ वाले बाजू (ARM) को ऊपर करना जरूरी है।

दांया पांव (RIGHT FOOT) बॉलिंग क्रीज के पीछे बराबर हो और बांया कन्धा (LEFT-SHOULDER) बल्लेबाजी की ओर फेस (FACE) करता हो तथा बांये बाजू के पीछे से दृष्टि जमीं रहे (EYE SHOULD BE FIXED) जिस स्थान पर गेंदबाज को गेंद टीप (PITCH) करना है। जिस किस्म (TYPE) की गेंद, गेंदबाज छोड़ना (DELIVER) चाहता उस की पकड़ (GRIP) ठीक हो। गेंद को हमेशा उंगलियों (FINGER) से पकड़ना चाहिए। हाथ की हथेली (PALM) से नहीं।

"साथ न डूब जाओ, बल्कि तैरकर उसे बचाओ"

दांये हाथ (RIGHT-HAND) के गेंदबांज को रन–अप बाँए पांव (LEFT FOOT) से शुरू (RUN) करना चाहिए। रन–अप में शरीर का वजन आगे की ओर हो न कि एक तरफ या दूसरी तरफ को तथा रन–अप एक जैसा आकर्षक होना चाहिए न कि बीच में रूक–रूक कर। रन–अप गेंदबाज की किस्म के अनुसार होना चाहिए। तेज गेंदबाज को बहुत लम्बा रन–अप नहीं लेना चाहिए क्योंकि वो जल्द ही थकावट महसूस करेगा। जिससे गेंद में गति नहीं बढ़ेगी। गेंद को छोड़ने के समय शरीर का वजन बांये–पांव पर होगा और दांया हाथ जमीन की ओर ऊपर से नीचे की ओर दाये पांव के पीछे को जायेगा। दांया बाजू (ARM) ठीक प्रकार से घूमना चाहिए।

QUALITIES OF A BOWLER:

एक अच्छे गेंदबाज के गुण पूरी सफलता लेकिन उसकी रूचि, उसका प्रभाव और उसके विचारों पर भी कि किस ढंग से सफलता प्राप्त की जा सकती है उस पर भी निर्भर करता है गेंदबाजी के अन्दर गेंदबाज का सबसे बड़ा गुण यह है कि अगर गेंदबाज को सफलता के आसार या लक्षण नजर नहीं आते हो और वो फिर भी सफलता प्राप्त करने के लिए अपने कार्य में पूरी रूचि के साथ अपनी कठिनाइयों को अपनी योग्यता और चतुराई के साथ अपनी गेंदबाजी में सफलता प्राप्त करने की कोशिश करे।

गेंदबाजी के अन्दर रूचि सबसे अधिक महत्वपूर्ण है यह तभी उत्पन्न हो सकती है जब वह नैट अभ्यास के अन्दर पूरी रूचि के साथ अपना ठीक ध्यान लगाकर कार्य करें। गेंदबाज को नैट अभ्यास के अन्दर अपने दिमाग को पूरी दृढ़ता के साथ अपने कार्य में लगाना और ठीक एकाग्रता (CONCENTRATION) के साथ को अपने ढंगों या तरीको के साथ कार्य करना ही उसके उद्देश्य की प्राप्ति है। गेंदबाज को अपनी पूर्ण रूचि के साथ गेंदबाजी करते रहना चाहिए और अपने उत्साह को समाप्त नहीं होने देना चाहिए। बल्लेबाज गेंदबाज की गेंदबाजी को चाहे कितना ही क्यों न पीट रहा हो गेंदबाज को अपना व्यवहार एक कातिल की भांति बनाना चाहिए तथा एक कातिल की भांति कोशिश करते रहना चाहिए जब तक कि बल्लेबाज आउट नहीं हो जाता इसके साथ–साथ गेंदबाज के लिए गेंदबाजी के प्राथमिक नियम, रूचि नये ढंग या तरीके और

"आवश्यकता दुर्बल को साहसी बना देती है"

शांत व्यवहार का होना बहुत ही आवश्यक है न कि क्रोधित होकर अपने उत्साह को छोड़ देना।

POINTS WHILE COACHING A YOUNG BOWLER:

युवक गेंदबाज के लिए कोचिंग की मुख्य बातें:–

1. जहां से गेंदबाज ने गेंद करने भाग कर आना है वहां पर निशान लगाना चाहिए। (MARK THE RUN-UP)
2. दौड़ बढती हुई, बड़ी आकर्षण या मोहक और मिलनसार होनी चाहिए (RUN-UP, ATTRACTIVE SMOOTH)
3. गेंद करने का ढंग ठीक और लगातार एक जैसा होना चाहिए। (RHYTHMICAL)
4. गेंदबाजी करते समय बांया हाथ ऊँचा (HIGH) और बांयें पांव तथा दांये पांव की क्रिया ठीक होनी चाहिए।
5. ऊँची साहसिक क्रिया (HIGH ACTION) में बाजू कान के साथ छूकर गुजरना चाहिए और शरीर की दिशा एक तरफ (SIDE WAY) होनी चाहिए।
6. अन्तिम क्रिया (FOLLOW THROW) पूरी होनी चाहिए और अन्तिम क्रिया में बांये पांव का अगला भाग (TOE) सीधा मैदान (GROUND) पर बल्लेबाज की ओर होना चाहिए।
7. अन्तिम क्रिया हमेशा ऑफ–स्टम्प की लाइन के बाहरी ओर होनी चाहिए न कि पिच के ऊपर, स्टम्पों के सामने हो।
8. ठीक होने के भाव की दूरी (ACCURACY OF LENGTH) और दिशा के साथ–साथ बॉलिंग क्रीज के आगे, पीछे बदल कर और बॉलिंग क्रीज का प्रयोग भी करना चाहिए।
9. गेंदबाज के लिए शारीरिक योग्यता, शारीरिक स्वच्छता का होना और सहन शक्ति या बल (STAMINA) का होना बहुत आवश्यक है।

"क्रोध करने से पहले उसके परिणामों पर विचार करो"

ART OF FIELDING
क्षेत्ररक्षण की कला

GENERAL QUALIFICATIONS:

मैच को जीतने या विपरीत टीम की कम रन संख्या बने इसके लिए अच्छी फील्डिंग का होना बहुत जरूरी है। क्रिकेट खेल के अंदर फील्डिंग को आमतौर पर एक साधारण कार्य समझकर छोड़ दिया जाता है क्रिकेट खिलाड़ी अधिकतर यही समझते हैं कि क्रिकेट केवल बल्लेबाजी और गेंदबाजी में ही होती है। लेकिन मेरे ख्याल से कोई भी क्रिकेट खिलाड़ी अपने आप को उसे समय तक अच्छा क्रिकेटर खिलाड़ी नहीं कर सकता जब तक कि वह अच्छा फील्डर नहीं बन जाता। जिस टीम को अच्छी फील्डिंग हो वह टीम न केवल देखने वाले लोगों को ही खुश करती है बल्कि मनोवैज्ञानिक ढंग से उसे टीम का प्रभाव बल्लेबाजी करने वाले टीम पर भी पड़ता है और इसके साथ–साथ साधारण गेंदबाजी को अच्छी गेंदबाजी और अच्छी गेंदबाजी को अधिक अच्छी गेंदबाजी बना सकती है।

फील्डिंग के प्राथमिक ढंग

1. Stopping The Ball: गेंद को रोकने के लिए हर खिलाड़ी को निम्नलिखित सिद्धांतों को ध्यान में रखना बहुत जरूरी है।

And Watch The Batsman: फील्डिंग में फील्डरों को बल्लेबाजी की क्रिया को ध्यान से देखना चाहिए कि बल्लेबाज किस प्रकार से गेंद को खेलता है।

2. **Quick Starting**: जब बल्लेबाज, बल्लेबाजी करने लगता है उसे समय जितने भी आउट फील्डर हैं उन्हें हमेशा गेंदबाज की स्टार्ट (Start) के साथ–साथ ही बल्लेबाज पर दृष्टि रखते हुए अपनी टोज (Toes) या पंजे पर आ जाना चाहिए जो नजदीक (Close) के फील्डर है, उनमें से पहली स्लिप और लेग स्लिप वाले को गेंदबाज के हाथ की गेंद को देखना चाहिए और

"डरना और डराना दोनों पाप है"

दूसरे, पास के सभी फील्डरों को बल्लेबाज के बल्ले के कार्य पर ध्यान देना चाहिए।

3. **Be Balanced:** स्लीप फील्डरो को खासतौर पर इस सिद्धांत का ध्यान अपने दिमाग में अवश्य रखना चाहिए कि जब वह गेंद को लेने के लिए झुकते हैं तो उनके शरीर का वजन दोनों पांव की टोज (toes) पर हो तथा दोनों घुटने का झुका होना बहुत जरूरी है।

4. **Be Concentrated: पूर्ण एकाग्रता**

फील्डरो के दिमाग में इस बात का हमेशा विचार रहना चाहिए कि बल्लेबाज से खेला हुआ हर गेंद उसकी ओर ही आ रहा है और जब वह गेंद को रोकने के लिए जाता है तो उसे गेंद की लाइन (Line) या पंक्ति में आना तथा जितना संभव हो सके शीघ्र झुक कर गेंद को लेकर शीघ्र उठाना ही पूर्ण एक्रागता का कार्य है।

Type of Fielding: फील्डिंग की किस्मे

1. Defensive Fielding
2. Offensive Fielding

1. DEFENSIVE FIELDING:

(A) ORTHODOX POSITION

(B) LONG BARRIER

ORTHODOX POSITION:

इस ढंग की फील्डिंग के अंदर फील्डर को पूर्ण रूप से गेंद की लाइन (LINE) में आकर सीधा सामने की ओर होकर घुटनों (Knees) से झुकना पड़ता है। दोनों पांव की एड़ियां (Heels) आपस में मिली होगी और अंग्रेजी की वी (V) की सूरत (Shape) बनती हैं और दोनों हाथ शरीर के सामने झुके हुए होते हैं। उंगलियों के ऊपरी भाग (Tips) थोड़ा सा जमीन की ओर होता है आंखें

गेंद के ऊपर जिससे की गेंद प्राप्त हो सके तथा हाथ शरीर के आगे एक फिट से अधिक नहीं होना चाहिए। इस ढंग की फीव्डिंग (Defensive Fielding) केवल सुरक्षा ढंग की फीव्डिंग में ही करते हैं जिससे कि बल्लेबाज को दौड़ने के लिए समय भी कम मिले।

LONG BARRIER POSITION FIELDING:

इस ढंग की फील्डिंग में फील्डर को थोड़ा सा एक तरफ (Side Ways) होकर शरीर को गेंद की पंक्ति (Line) में ले जाकर बायें घुटने को झुका (Bend) कर दाएं घुटने से शरीर को बैरियर (Barrier) की सूरत (Shape) देते हुए हाथों को दायीं जाँघ (Thigh) के सामने गेंद को लेना चाहिए। फील्डर का सिर और आंखें गेंद की पँक्ति (Line) में और गेंद की ओर होना चाहिए जिससे कि वह गेंद को ठीक ढंग से देख सके इस ढंग की फील्डिंग भी सुरक्षा (Defensive) पद्धति फील्डिंग के अंदर ही आती है।

OFFENSIVE FIELDING:

इस ढंग की फील्डिंग में प्राथमिक सिद्धांत सुरक्षा पद्धति (Defensive) फील्डिंग जैसी ही है परंतु निम्नलिखित सिद्धांत फील्डरों को अपने दिमाग में रखना चाहिए।

(1) जितना शीघ्रता से हो सके गेंद की पंक्ति (Line) में आने की कोशिश करनी चाहिए इसका अभिप्राय यह है कि जितनी शीघ्रता से हो सके गेंद को हाथ में लेने की कोशिश करनी चाहिए।

(2) गेंद को पकड़ने के लिए अपने शरीर को हमेशा एक तरफ (Side Ways) रखना चाहिए।

(3) दोनों घुटनों (Knees) को गेंद की पंक्ति (Line) में झुका (Bend) कर दोनों हाथों से गेंद को पांव के पंजे (Toe) के सामने पकड़ने की कोशिश करनी चाहिए और पांवों की दिशा गेंद की दिशा पर निर्भर करती है। शरीर का वजन उस पांव और उस घुटने पर होना चाहिए जिस घुटने के सामने आपने

गेंद को पकड़ना है। इस ढंग से गेंद को पकड़ने से आप अपने थ्रो (Throw) को भी ठीक बना सकते हैं।

THROW IN FIELDING:

रफ्तार से भरपूर गेंद फेंकना (Throw करना) न केवल बल्लेबाज को ही आउट करना है परंतु रन संख्या को भी कम करना है अच्छी प्रकार फेंकनो (Throw करना) के लिए हाथ की कलाइयों की लचक, शक्ति और उसके साथ कंधों में शक्ति का होना बहुत आवश्यक है अगर युवक खिलाड़ियों को ठीक ढंग से फेंकने (Throw) का अभ्यास करवाया जाए तो उनमें रफ्तार को बढ़ाने की शक्ति, जाँचने और सही करना (Accuracy) भी आती है अच्छी प्रकार फेंकने के लिए मुख्य सिद्धांत यह है।

(1) गेंद को उस समय तक जांचना (Watch) चाहिए जब तक की गेंद हाथ की पकड़ में नहीं आ जाता और फिर उसको ठीक काबू (Control) में रखकर हाथ को पीछे की ओर ले जाना चाहिए। इस प्रकार की क्रिया में कंधे की शक्ति का प्रयोग होता है।

(2) गेंद को पकड़ने के बाद अगले पांव (Front Foot) को और अगले कंधे को अपने उद्देश्य की ओर करके शरीर का वजन पिछले पांव से हटाकर अगले पांव पर बदलना चाहिए। फेंकते (Throw) समय अगला हाथ उद्देश्य की पंक्ति में सीधा होना चाहिए आंखों की दृष्टि और दिमाग की एकाग्रता विकेट के ऊपर जिस ओर आपने गेंद फेंकनी है उस ओर लगी होनी चाहिए।

(3) दाएं हाथ से जिस समय आप गेंद को छोड़ते हैं तो कमर की दिशा और छाती की दिशा विकेट के ऊपर जिस ओर आपने गेंद फेंकनी है की ओर होनी चाहिए।

FOLLOW THROUGH:

(1) फील्डिंग के अंदर फॉलो थ्रू बहुत महत्वपूर्ण भाग है। जब आप दाएं हाथ से गेंद को फेंकते हैं तो गेंद फेंकने के बाद दायां पांव बायां पांव पर शरीर का वजन छोड़ता हुआ आगे की ओर बढ़ना चाहिए तथा कमर की स्थिति दाएं कंधे के साथ–साथ उद्देश्य की ओर एक तरफी (Side Ways) हो जानी चाहिए

इससे फील्डर की शक्ति तो कम लगती है और साथ ही गेंद भी ठीक उद्देश्य की दिशा में जाती है।

(2) हाथ की कलाई के साथ गेंद को हाथ की कोहनी (Elbow) थोड़ा सा झुके हुए कन्धे और कान के पास से निकाल कर गेंद को फेंकना चाहिए।

CATCHING:

1. आप जब तक गेंद को ठीक ढंग से देख नहीं लेते तब तक गेंद की ओर कभी नहीं भागना चाहिए और भागते समय आपकी आँखे और सिर गेंद की पंक्ति (Line) में आना आवश्यक है।

2. हांथो की दिशा गेंद को लोपते समय बड़ी आरामदायक होनी चाहिए तथा हाँथों की उंगलियां कप (WEB) की सूरत (Shape)की भांति बनानी चाहिए जब आप गेंद को लोपते है इस ढंग से गेंद अपने आप हाथ में आ जाता है अगर उंगलिया खुली रहेगी या हाथों के कप की सूरत ठीक से नहीं बनती तो गेंद हाथों से फिसल सकता है।

3. जहाँ तक संभव हो गेंद को आँखों के सामने लेने की कोशिश करनी चाहिए अगर गेंद ऊँचा होने की बजाये सीधा शरीर की ओर आ रहा है तो उस स्थिति में शरीर को एक तरफा (Side Ways) करके गेंद को लेना चाहिए।

4. अंत में अच्छी प्रकार लोपने के लिए एक्रागता का होना बहुत आवश्यक है।

FIELDING PRACTICE:

हर एक कोच के लिए फील्डिंग अभ्यास करवाना एक महत्वपूर्ण कार्य है अच्छे अभ्यास के द्वारा ही युवा खिलाड़ियों में फील्डिंग करने का विश्वास पैदा करवाया जा सकता है और उनके मन में खेल के प्रति रुचि पैदा कर सकता है यह अभ्यास अगर ठीक ना हो तो खिलाड़ियों को चोट लगने का डर उनके मन में पैदा हो सकता है तथा वो मैच में ठीक ढंग से फील्डिंग नहीं कर पाते । हर कोच अपने खिलाड़ियों को अभ्यास करवाने से पहले दो भागों में बांट सकते हैं और उनको फील्डिंग में सुरक्षा पद्धति, (Defensive and Offensive)

"चरित्र की सम्पत्ति सब दौलतों से बढ़कर है"

फील्डिंग, लोपना (Catching) तथा फेंकना (Throwing) का अलग–अलग का अभ्यास करवा सकता है। अभ्यास करवाने से पहले इनके प्राथमिक सिद्धांत खुद प्रदर्शन करके, सही ढंग बता सकता है। जैसे कि किस प्रकार गेंद को रोकना है तथा इसके साथ –साथ ही भिन्न–भिन्न दृष्टिकोणों से खिलाड़ियों को फील्डिंग के भिन्न–भिन्न ढंग सीखा सकता है ।

PRACTICE IN CLOSE FIELDING:

8 से 10 खिलाड़ियों का एक अर्ध चक्कर बनाकर खिलाड़ियों को भिन्न–भिन्न कोणों से और भिन्न–भिन्न दिशाओं से लोपने का अभ्यास जैसे आगे से लोपना, पीछे से लोपना (Catching) दोनों तरफ बाएं से, दाएं से लोपना, तेज और कम रफ्तार के गेंद को लोपना, आदि बल्ले से सभी अभ्यास करवा सकते हैं। स्लिप फील्डरों का अभ्यास क्रैडल (Cradle) या छोटे रोलर के ऊपर गेंद को तेज फेंक कर करवाना काफी महत्वपूर्ण सिद्ध होता है। जिस समय नजदीक की फील्डिंग (Close fielding) का अभ्यास करवाते हैं तो फील्डरों को खड़े होने की स्थिति बताना बहुत आवश्यक है।

OUT FIELDING:

दूर की फील्डिंग (Out Fielding) का अभ्यास करवाने के लिए खिलाड़ियों को दूर खड़ा करके ग्राउंड शॉट (Ground Shots) ऊंचा लोपना (High Catches) का अभ्यास करवाना काफी लाभदायक सिद्ध होगा और उनसे गेंद फिकवाकर ग्राउंड फील्डिंग के साथ–साथ थ्रो का भी अभ्यास करवाया जा सकता है ऐसा करवाने से खिलाड़ी गेंद को शीघ्र पकड़ने की जांचने की और फेंकने (Throw) की कला को प्राप्त कर सकते हैं।

QUALITIES OF A GOOD FIELDER:

एक अच्छे फील्डर की योग्यताएं

1. बल्लेबाज के नजदीक (Close) के फील्डरों के लिए अच्छी आंखों की दृष्टि, शरीर में लचीलापन और शरीर में फुर्ती का होना सबसे अच्छी योग्यता है तथा साथ ही साथ शरीर के वजन पर काबू रखना सबसे अच्छी योग्यता हैं।

सोचो ज्यादा, लिखो थोड़ा और बोलों बहुत कम''

2. बल्लेबाज से दूर या बाहर के फील्डरों के लिए दौड़ में रफ्तार गेंद को जांचना कंधे और हाथ की कलाइयों की शक्ति का होना बहुत जरूरी हैं।

3. अच्छे फील्डरों के लिए एकाग्रता और हर गेंद को अपनी ओर आने की संभावना रखना फील्डिंग में सबसे अच्छा मंत्र हैं।

4. अच्छे फील्डरों का सबसे अच्छा या महत्वपूर्ण कार्य यह है कि वह चार रन संख्या को दो में और दो रन संख्या को रन आउट (Run Out) में बदल सके इसके लिए उनको यह चाहिए कि वह गेंद की ओर भागे ना कि गेंद उनके पीछे भागे अगर गेंद थोड़ा एक ओर या तरफ (Side) पर है तो तेज रफ्तार के साथ भाग कर गेंद को आगे से होकर पकड़ने की कोशिश करें इसलिए खिलाड़ी की गेंद की दिशा का ज्ञान होना बहुत जरूरी है की गेंद किस दिशा में जा रहा है इस प्रकार की फुर्ती दिखाने के लिए उसके खड़े (Stance) होने का स्थान ठीक होना चाहिए

5. जैसे की नजदीक के फील्डरों के लिए दोनों पावों पर बराबर का वजन, दोनों पावों में फासला या दूरी, उसकी आराम दायक स्थिति के मुताबिक दोनों घुटने अच्छी प्रकार से झुके (Bend) हुई स्थिति अच्छे ढंग से (Seat Well Down) हो और फील्डरों को चाहिए की झुकने की कठिनाई से बचने के लिए अपने दोनों बाजू घुटनो पर रखे। परन्तु जब गेंद बल्लेबाज के पास आता है तो उस समय हाथों की दिशा शरीर के कुछ आगे गेंद को पकड़ने के लिए आ जानी चाहिए। ऐसे कार्य के लिए फील्डरों के शरीर में इतनी लचक होनी चाहिए की वह शरीर को आगे और पीछे की ओर, दाएं – बाएं की ओर (Side Ways) झुका और बड़ा सके तथा शरीर को जल्दी से आगे और पीछे कर सके।

<u>FIELD PLACING:</u> Depends upon

1. The type of Bowling
2. The kind of Batsman
3. The condition of the pitch
4. The state of the match

"पाप और पुण्य दृष्टिकोण की भिन्नता के नाम है"

An attacking field for a **FAST-BOWLER:**

When the Ball is new and the Batsman is on the defensive. It contains no out-field and could not normally be maintained long because it would provide too many scoring opportunities –

1.	Bowler	5.	3rd Slip	9.	2nd Leg Slip
2.	W/ Keeper	6.	1st Leg Slip	10.	Short Leg
3.	1st Slip	7.	Short Gully	11.	Mid-On
4.	2nd Slip	8.	Cover		

This is a normal field on a firm pitch for a FAST-Bowler with the old Ball. Variation can be made in many ways, such as moving No. 10 deeper or behind square leg or moving No. 6 round to wards cover and so on.

But the field shown is sound beginning –

1.	Bowler	6.	Back ward point or gully
2.	W/ Keeper	7.	Cover
3.	1st Slip	8.	Mid-off
4.	2nd Slip	9.	Deep fine-leg
5.	Deep third man	10.	Forward short-leg
		11.	Mid-on

MEDIUM PACE BOWLER:

A strictly orthodox field for a Medium-Pace bowler with an old ball-

1.	Bowler	6.	Point
2.	W/ Keeper	7.	Cover
3.	1st Slip	8.	Mid off
4.	2nd Slip	9.	Deep fine- leg
5.	3rd Slip	10.	Square-leg
		11.	Mid-On

SPIN BOWLER:

Field for a Right-hand off Spin Bowler on a good firm pitch–

1.	Bowler	6.	Extra-Cover	11.	Square-leg
2.	W/ Keeper	7.	Mid-off		
3.	1st Slip	8.	Mid-on		
4.	Point	9.	Out field		
5.	Cover	10.	Short Mid-Wicket		

There is a useful field for a slow Leg-break Bowler who is not too sure of his control but who wants to keep the Boundary shots within reason

1.	Bowler	6.	Deep Extra Cover
2.	W/ Keeper	7.	Mid-off
3.	1st Slip	8.	Long-on
4.	Point	9.	Mid-wicket
5.	Cover	10.	Mid-wicket out field
		11.	Square-leg near the umpire

OFF-SPINNER:

This field placing was used by Hoker for his sensational Bowling performance rarely did he find it necessary to move a man

1.	Bowler	6.	Out-field Square
2.	W/ Keeper	7.	Mid-on
3.	1st Leg-Slip	8.	Long-on
4.	2nd Leg-Slip	9.	Point
5.	Forward Short-leg	10.	Cover
		11.	Mid-off

LEG – SPINNER:

Here is interesting field placing for a leg spinner who wishes to attack the stumps, who is little faster than normal and does not spin the ball very much. Fieldman no. 07 may have to be changed to the gully position unless the bowler has very good control.

1.Bowler 2. Wicketkeeper
3. 1st slip 4. Point
5. Cover 6. Mid-off
7.Leg slip
8. Leg side position about 25 yards from the bat
9.Out-field about the square
10.Short mid-wicket
11. Mid on

[illegible]ठानिया द्वारा भोपाल [illegible]क्रेट प्रगति की ओर

दैनिक जागरण म॰प्र॰ भोपाल 30.[illegible].79

भोपाल। स्थानीय टी॰टी॰ नगर स्टेडियम पर राष्ट्रीय क्रीड़ा संस्थान पटियाला द्वारा म. प्र. क्रीड़ा परिषद भोपाल में भेजे हुए एन. आई. एस. क्रिकेट कोच श्री जी॰ एस॰ पठानिया द्वारा [illegible] में श्री [illegible] युवकों को [illegible] से प्रातः तथा सायं [illegible] के अतिरिक्त व्यायाम तथा बल्लेबाजी के विभिन्न स्ट्रोकों, गेंदबाजी की कलाबाजियां, फील्डिंग [illegible] का अभ्यास कराया जा रहा है। बच्चों के लिए टेम्परामेंट को देखते हुए अवकाश के दिन अभ्यास कराया जा रहा है।

अनुशासन प्रियश्री पठानिया जिस ढंग से लगन और मेहनत से कार्य कर रहे हैं, इसमें संदेह ही नहीं बल्कि पूरा विश्वास है कि [illegible] को अच्छे खिलाड़ी मिलने की आशा है। युवकों के आपस में मिलकर खेल की [illegible] हेतु [illegible] तथा आपस में मिलकर [illegible] करने की टीम भावना बहुत कम जगह देखने को मिलेगी।

श्री पठानिया के द्वारा [illegible] [illegible] उठाकर [illegible] प्रवेश का काम [illegible] किया है। [illegible] जूनियर [illegible] में एम. एस. क्रिकेट क्लब [illegible] एक दिवसीय मैच खेला। जूनियर बालकों की ओर से कप्तान श्री संजीव गुप्ता ने टॉस जीतकर बल्लेबाजी चुनी। पीची [illegible] होने के [illegible] खेल अच्छा न हो सका, गुप्ताकी टीम ने 39 रन कर अपने सभी खिलाड़ी खो दिये। जिसमें महेश [illegible] 19 रन बनाकर और गुप्ता 8 रन बनाकर आउट हो गये जबकि महेश [illegible] अंत तक आउट नहीं हुए।

एम॰एस॰ की ओर से [illegible] ने [illegible] 4 विकेट लिये। 39 [illegible] में एम॰ एस॰ क्रिकेट [illegible] के खेल के दौरान मैच और [illegible] बन गया जबकि [illegible] वहीं केवल मात्र 11 रन [illegible] आउट हो गए।

एम॰ एस॰ की ओर से [illegible] ने 15 [illegible] और गुप्ता की टीम की ओर से राजीव [illegible] ने 12 रन देकर [illegible] लिए। रणवीर सिंह ने 9 रन देकर 4 विकेट लिए।

इस प्रकार [illegible] रनों [illegible] संजीव गुप्ता की टीम ने विजय [illegible] की।

प्रगति कला मंच द्वारा नाटक

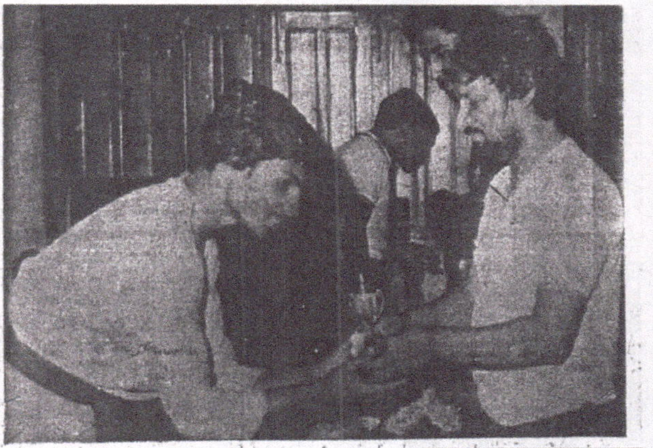

जूडो चैम्पियनशिप का पठानिया द्वारा समापन

भोपाल। गत दिवस न्यू भोपाल जूडो एसोसिएशन के तत्वावधान में आयोजित जूडो स्पर्धा का समापन मुख्य अतिथि श्री जी. एस. पठानिया ने किया। सर्व प्रथम मुख्य अतिथि का पुष्पमालाओं द्वारा न्यू भोपाल जूडो एसोसिएशन के सेक्रेटरी श्री राजीव सहानी ने किया। विजेताओं को मुख्य अतिथि ने पुरस्कार वितरित किया। पुरस्कार वितरण के पूर्व जूडों का प्रदर्शन भी किया गया।

अंत में संस्था के सचिव श्री राजीव साहनी ने मुख्य अतिथि एवं उपस्थित अपार जन समुदाय का आभार प्रदर्शन किया।

ज्ञातव्य है कि आगामी एक सितम्बर से जूडो कराटे का कैम्प लगाने का आयोजन किया गया है। प्रतियोगिता के निर्णायक श्री डी. सी. शर्मा थे। इस प्रतियोगिता में चैम्पियन शिप विजेता श्री सागर अग्रवाल को मुख्य अतिथि ने पुरस्कार स्वरूप कप प्रदान किया। इस स्पर्धा में लगभग 100 प्रतियोगियों ने भाग लिया था।

पूर्व ओलंपिक फुटबाल प्रशिक्षण शिविर ७ सित. से

कलकत्ता, ३० अगस्त (ए. पी.)। पूर्व ओलंपिक फुट-बाल टूर्नामेंट के लिए संभावित भारतीय खिलाड़ियों के [illegible]

सी. गौतम नामांकन पत्र नहीं भर सके

नेरोबी ३० अगस्त (ए. पी.)।

(प्रथम पृष्ठ का शेष)

जायेगा और आगामी माह के अंत तक यह काम पूरा कर लिया जायेगा। जब उनसे पूछा गया कि प्रदेश कांग्रेस के चुनाव कब तक हो जायेंगे, उन्होंने कहा अ. भा. कांग्रेस से आदेश निर्देश मिलने पर श्री तिवारी ने बताया कि संगठन के दो काम है एक सरकार को रचनात्मक सहयोग देना तथा कार्यक्रमों को जनता तक ले जाना और दूसरा विपक्ष के गलत प्रचार का मुकाबला करने के लिए उसकी गतिविधियों पर नजर रखना। अब यह निर्णय लिया गया है कि जन समस्याओं को उभारने तथा उनके निराकरण के लिए कांग्रेस प्रदर्शन भर कर सकेगी, लेकिन यह प्रदर्शन आंदोलनात्मक नहीं होंगे।

कतिपय कांग्रेस जनो को क्या निगमों में पद सम्हालने के लिए क्या आप अपने प्रभाव का उपयोग करेंगे, पूछने पर श्री तिवारी ने बताया कि हां वे चर्चा करेंगे और उनकी यह सलाह है कि कांग्रेस जनों का सहयोग करना चाहिये विभिन्न नगर पालिकाओं में जहां कांग्रेस

Mr P N Tripathi, Home Minister is watching the Single wicket Cricket competition being held here, at TT Nagar Stadium. He is flanked by Mr G S Pathania, NIS Cricket Coach and Sardar Ranbir Singh Rangwala,

विंध्य क्रिकेट सेंटर में पठानिया प्रशिक्षण देंगे

सतना, २९ मई। विन्ध्य क्षेत्र मे उभारते खिलाड़ियों को उचित प्रशिक्षण देकर उनकी प्रतिभा को उभारने के उद्देश्य से स्थिपाति विन्ध्य क्रिकेट कोचिंग सेन्टर में आगामी १ से ७ जून तक प्रदेश के वरिष्ठ क्रिकेट प्रशिक्षक श्री.एस. पठानिया खिलाड़ियो को प्रशिक्षण देंगे।

विन्ध्य कोचिंग सेंटर जारी विज्ञप्ति के अनुसार श्री पठानिया जो कि वर्तमान समय मे भोपाल हैवी इलेक्ट्रीकल्स में क्रिकेट प्रशिक्षक के रूप में कार्यरत है, १ जून से ७ जून तक सेन्टर के उदीयमान खिलाड़ियो को नियमित प्रशिक्षण प्रधान करेंगे। श्री पठानिया इसके पूर्व भी सेन्टर के खिलाड़ियों को प्रशिक्षण देने सतना आ चुके है। उल्लेखनीय है कि इस सेन्टर में प्रशिक्षण प्राप्त कर रहे खिलाड़ियों के अन्दर १६ के मुकाबले मे इन्दौर एवं भोपाल की सशक्त टीम को पराजित कर संभाग के इतिहास में नए अध्याय की रचना की थी। श्री पठानिया अपने इस दौर में सप्ताह भर गहन प्रशिक्षण देंगे। प्रशिक्षणार्थियों को जून तक विन्ध्य कोचिंग सेंटर में अपना नामांकन कराना आवश्यक होगा।

इसी के साथ सेन्टर के प्रथम स्थापना दिवस के उपलक्ष्य में आयोजित होने वाले समारोह में मुख्य अतिथि की हैसियत से उपस्थित हो रहे देश के जाने माने प्रशिक्षक दोर्णाचार्य, गुरूचरण सिंह भी अपने दो दिवसीय सतना, प्रवास के दौरान सेन्टर के चुने हुए खिलाड़ियों को खेल को बारीकियों से अवगत कराएंगे। स्थापना दिवस के अवसर पर सेन्टर द्वारा १२ वर्ष से कम, १६ एवं १९ वर्ष के खिलाड़ियों की अलग-अलग स्पर्धाएं भी आयोजित की जाएंगी। श्री सिंह इस अवसर पर सेन्टर मे प्रवेश पाने योग्य खिलाड़ियों का चयन भी करेंगे। इच्छुक खिलाड़ियों को चयन स्पर्धा के लिए १० जून तक सेन्टर में अपना पंजीयन कराना आवश्यक होगा।

डूर्मोंड ने लुइस को पीछे छोड़ा

यूगिनी (ओरेगान)(ए.पी.)। ट्रैक के स्वयंभू सरताज जान डूर्मोंड ने खेलो के बादशाह कार्ल लुइस को प्रीफोंटेन क्लासिक ग्रांप्री ट्रैक एंड फील्ड की २०० मीटर दौड़ में पछाड़ दिया। डूर्मोंड ने १०० मीटर फर्राटा में दूसरे [illegible] पर रहने के लिए एक घंटे बाद यह [illegible] जीती। विश्व रेकार्डधारी लेराय [illegible] की वापसी कमजोर रही। वे पांचवे स्थान पर पिछड़ गए।

आर.सी.सी. की सफलताएं

प्रदेश क्रिकेट जगत में

मध्य क्षेत्रीय पुलिस खेल

भोपाल की टीमों का वर्च

National Mail 21.12.83

Pathania to coach BHEL cricketers

by Our Sport Reporter

BHOPAL, Dec 20: The upcoming cricketers of BHEL township will get a fillip when the well-known NIS cricket coach GS Pathania will take over the reins of coaching at the Regional Cricket Coaching Centre in BHEL Sports Complex tomorrow.

The services of 49-year-old Pathania has been put at the disposal of BHEL Sports Authority by the Sports Authority of India. He was at present working with the MP Sports Directorate in Bhopal for the last ten years when a number of cricketers from the city donned the Ranji colours and carved out a niche in the MP cricket team with their outstanding performance. Some of them are Satokar brothers Ramesh and Mahender, Sohail Ansari, RK Daryani, Dilip Awasthy, Harsh Pandey etc.

Apart from Ranji Trophy about 150 cricketers coached under his eagle-eye have played in National school cricket tournament, Cooch-Behar, Vijay Hazare, Central zone Vinoo Mankad tournies etc.

रणजी क्रिकेट : म. प्र. टीम में भोपाल के ५ खिलाड़ी

(खेल प्रतिनिधि द्वारा)

भोपाल, तीन जनवरी। आगामी, ११ से १३ जनवरी तक सीहोर में खेले जाने वाले रणजी ट्राफी के मैच में म.प्र. की टीम में भोपाल के दो और किशोर खिलाड़ियों को शामिल किया गया है। मैच विदर्भ एकादश टीम के विरुद्ध खेला जाएगा।

मध्यप्रदेश क्रिकेट असोसियेशन की चयन समिति ने राज्य की जिस टीम का चयन किया है उसमें शामिल किये गये ये दो किशोर खिलाड़ी है महेन्द्र सातोकर तथा दिलीप अवस्थी जिन्हें राष्ट्रीय खेलकूद संस्थान पटियाला द्वारा संचालित रीजनल कोचिंग सेन्टर में संस्थान के प्रशिक्षक श्री जी. एस. पठानिया द्वारा गहन प्रशिक्षण देकर राज्य की टीम के समकक्ष खिलाड़ियों के रूप में उभारा गया है।

चयन समिति ने जिस टीम की घोषणा की है उसमें लिये गये तीन अन्य खिलाड़ी रोहित तलवार, सुहेल अंसारी, तथा अभय लघारे भी रीजनल कोचिंग सेन्टर की देन है तथा इन्हें तैयार करने में भी श्री पठानिया द्वारा किये गये परिश्रम को नकारा नहीं जा सकता। सुहेल अंसारी को भिलाई में उत्तर-प्रदेश के विरुद्ध की गई अच्छी बल्लेबाजी के कारण मध्य क्षेत्र की टीम में पहले ही शामिल किया जा चुका है।

इस प्रकार सीहोर में जो रणजी ट्राफी के लिये मध्य प्रदेश की टीम मैदान में उतरेगी उसमें भोपाल के पांच खिलाड़ियों का होना राजधानी के क्रिकेट क्षेत्र के लिये गौरव की बात है।

सीहोर में तैयारियां

सीहोर में पहलीबार खेले जा रहे इस रणजी ट्राफी मैच के लिये गठित समिति के सचिव श्री एस. एन. पहलवान ने एक प्रेस विज्ञप्ति में बताया है कि सीहोर में इसके लिये व्यापक पैमाने पर तैयारियां प्रारंभ हो गई हैं। यह मैच स्थानीय शुगर मिल ग्राउन्ड पर खेला जावेगा। ग्राउन्ड पर लगभग १० हजार दर्शकों के बैठने की व्यवस्था की जा रही है। दर्शकों के लिये सीजन टिकिट की दरें १५ रु. २० रु. तथा २५ रुपये रखी गई हैं। छात्रों के लिये टिकिट दर ५ रुपये होगी।

सीहोर में आयोजित रणजी ट्राफी क्रिकेट को संपन्न करने के लिये समिति का गठन निम्नानुसार किया गया है।

मुख्य संरक्षक श्री अर्जुनसिंह मुख्यमंत्री, म. प्र. शासन, संरक्षक श्री माधवराव सिंधिया केंद्रीय राज्यमंत्री

भोपाल में युवा सप्ताह

दैनिक भास्कर 15.1.85

आज हाकी, कल क्रिकेट

(खेल प्रतिनिधि द्वारा)

भोपाल, १४ जनवरी। अंतर्राष्ट्रीय युवा वर्ष के अंतर्गत मध्यप्रदेश में गत १२ जनवरी से मनाये जा रहे युवा सप्ताह के प्रथम दिन टी.टी. नगर स्टेडियम पर एन.सी.सी. स्काउट्स तथा गर्ल्स गाइड के युवाओं के समक्ष खेलकूद संचालनालय द्वारा रामकृष्ण आश्रम के स्वामी जी द्वारा स्वामी विवेकानंद के सिद्धांतों पर एक प्रवचन का आयोजन किया गया जिसे युवा श्रोताओं तथा उपस्थित जनसमूह ने गंभीरता से सुना।

युवा सप्ताह की कड़ियों के अंतर्गत कल भोपाल के ऐशबाग स्टेडियम पर एक प्रदर्शन हाकी मैच का आयोजन किया गया है जिसमें भोपाल हाकी संघ एकादश तथा शेष भोपाल की दो टीमों के बीच टकराव होगा। इस मैच में राजधानी के कल–आज और कल के हाकी सितारों का खेल कौशल देखने का अवसर हाकी प्रेमियों को मिलेगा।

कल के हाकी मैच के बाद परसों खेलकूद संचालनालय ने एक और मैच जो टी.टी. नगर के माडल स्कूल के मैदान पर खेला जायगा।

रीजनल कोचिंग सेंटर के प्रशिक्षक श्री जी.एस. पठानियां ने इस मैच के लिये जिन खिलाड़ियों के नामों की सूची जारी की है उसके अनुसार सेंटर की टीम के नेतृत्व राज्य के खेल एवं युवा कल्याण मंत्री श्री श्रवण कुमार पटेल करेंगे जो स्वयं एक रणजी खिलाड़ी रह चुके हैं।

उधर शेष भोपाल की टीम के नेतृत्व भोपाल संभाग के आयुक्त श्री रणजीत सिंह स्वयं कर रहे हैं और इस प्रकार यह मैच खेल मंत्री तथा संभागीय आयुक्त की टीमों के बीच बदल गया है।

आर.सी.सी. की टीम में कप्तान श्रवणकुमार पटेल के अलावा जिन १६ खिलाड़ियों के नामों की घोषणा की गई है वे हैं मनीष ब्यौहार, महेन्द्र सातोकर, राजकुमार दरयानी, हर्ष पाण्डे, अ. जमील, चारुदत्त देवपुजारी, सुरेन्द्र कपूर, शैलेश शुक्ला, चन्द्रशेखर, अरुण, थल, अनिल मदगल, विवेक

केनारा आमंत्रण क्रिकेट में पठानिया इलेवन विजयी

नव-भारत 11.1.83

LEFT HAND SPIN BOWLING:

A basic field for the normal first finger left hand spinner bowler over the wicket at the off- stump on a firm pitch. This is the short of field yack white, with his tantalising accuracy employed so successful against Australia in 1928

1. Bowler
2. Wicket-keeper
3. 1st slip
4. Backward-point
5. Forward point
6. Cover
7. Extra Cover
8. Deep extra cover
9. Mid-off
10. Mid-on
11. Short mid-wicket

A normal field for off-spinner on a firm pitch. Some field man may have to go deeper against aggressive batsmanship but this is a good ball to start from

1. Bowler
2. Wicket-keeper
3. 1st slip
4. Short gully
5. Forward point
6. Cover
7. Extra cover
8. Mid-off
9. Mid-on
10. Mid-wicket out-field
11. Forward short leg

This was the field normally used by Bill O Railly It was astonishing how many wickets he obtained caught by number 9 and 10.

1. Bowler
2. Wicket Keeper

6. 1st slip

4. Point

''हमारी सफलता पूर्णतया हमारी शक्ति पर निर्भर करती है''

7. Short extra cover 6. Mid-off

7. Leg side position to 30 yards from the Bat and mid-way between umpire and wicket keeper

8.Leg side position 20 to 30 yards from the bat and about 5 yards finer than square leg

9 . Short leg
10 . Silly mid-on 11. Rather wide mid-on

This was field regularly employed by Grimmett, who concentrated on Bowling over the wicket pitching on the stumps –

1.	Bowler	6.	Mid-On
2.	W/ Keeper	7.	Extra cover
3.	1st Slip	8.	Mid off
4.	Back-ward point	9.	Long-on Out field
5.	Cover	10.	Short-leg
		11.	Square-leg out field

LEG THEORY:

Including the wicket keeper there are really five men behind square on the leg side

ART OF WICKET KEEPING
विकेट कीपिंग की कला

विकेट कीपिंग फिल्डिंग का एक सबसे महत्वपूर्ण भाग है जब–जब भी किसी टीम का चुनाव होता है तब–तब कोच को चाहिए कि उसका ध्यान विकेट कीपर पर विशेष रूप से हो। विकेट कीपर आमतौर पर बनाये नही जाते लेकिन वह जन्म से ही इसमें रूचि रखते हैं। जब–जब भी कोच युवक खिलाड़ियों को उनके खेल के आरम्भिक जीवन में खिलाड़ी बनने का अभ्यास करवाते हैं तो कोच उस समय इस बात का ध्यान रखें कि कौन सा खिलाड़ी विकेट कीपिंग में रूचि रखता है जो युवक विकेट कीपिंग में रूचि रखते हैं उन्हीं को विकेट कीपिंग का अभ्यास करवाना चाहिए और तब अच्छे विकेट कीपर में इन बातों का होना बहुत जरूरी है।

1. अच्छी आँखों की दृष्टि (Good Eye Sight)
2. शारीरिक स्वच्छता और फूर्तीलापन
3. मजबूत दिल

DRESS AND EQUIPMENT OF WICKET-KEEPER:

विकेट कीपर का सामान और पहनावा

I. विकेट कीपर का पहनावा (Dress) आरामदायक होना चाहिए उसका पहनावा ठीक प्रकार से तथा पूर्ण माप (Fit) का होना चाहिए विशेष तौर पर उसकी पैंट (Pant) ढीली होनी चाहिए जिससे कि उसको बराबर झुकने और खड़े होने की क्रिया में किसी प्रकार का बाधा न आए। विकेट कीपर को टोपी (Cap) अवश्य पहननी चाहिए क्योंकि जब भी सूर्य की किरणों या सूर्य उसके सामने आए तब भी वह गेंद को ठीक ढंग से देख सके।

II. अबडोमिनल गार्ड (ABDOMINAL GUARD) को अवश्य पहनना चाहिए इसको पहनने से एक तो किसी प्रकार की भी दुर्घटना से बचाव रहता

"जो इंसान इच्छाओं से मुक्त है, वह न दुःख जानता है न सुख"

है दूसरा गार्ड के पहने होने से गेंद को पकड़ने का विश्वास और उत्साह पैदा होता है।

III.विकेट कीपर के लिए इन सब वस्तुओं के इलावा सबसे महत्वपूर्ण सामान है पैड (PAD) और दस्ताने (GLOVES) पैड बहुत आरामदायक होने चाहिए और पहनते समय पैड का ऊपर का बक्कल (STRAP) कुछ ढीला ही होना चाहिए जिससे कि वो शीघ्रता से घूम (MOVE) सके तथा उसके घूमने की क्रिया में किसी भी प्रकार की रूकावट न आए। विकेट कीपिंग के दस्ताने कप की शक्ल या सूरत (GLOVES SHAPE OF WEB) के होने बहुत जरूरी है तथा इसके साथ ही अन्दर के दस्ताने (INNER GLOVES) पहनना भी बहुत जरूरी है और इसके अतिरिक्त उँगलियों को हर प्रकार की चोट से बचाने के लिए उँगलियों के ऊपर के जोड़ (TOP JOINT) पर उंगलियों के TIPS (FINGER-TIPS) जो कि रबड़ की बनी होती हैं पहनना चाहिए।

POSITION: अंगस्थिति या उचित स्थल

विकेट कीपर के खड़े होने का स्थल या तो विकेटों के बिलकुल नजदीक या स्टम्पों के बिलकुल पीछे (WELL RIGHT UP OR RIGHT BACK) विकेट कीपर के खड़े होने का स्थल मध्य में (HALF WAY) नहीं होनी चाहिए उसको इस ढंग से खड़ा होना चाहिए कि गुड–लेन्थ–गेंद (GOOD LENGTH BALL) किसी भी प्रकार या रफ्तार की हो पिच करने के बाद सीधा उसके हाथ में आए।

STANCE:

विकेट कीपर के खड़े होने का ठीक ढंग आरामदायक स्थिति में होना बहुत आवश्यक है। अगर वह ठीक ढंग से खड़ा नहीं होता या उसके खड़े होने का ढंग सही नहीं है तो उसकी (SPEED SMOOTHNESS) सरल गति पर प्रभाव पड़ जाता है। जब वह कीपिंग के लिए खड़ा होता है तो उसकी एड़ियां जमीन से ऊपर उठी होनी चाहिए बांया पांव मिडिल स्टम्प और ऑफ स्टम्प के मध्य में विकेट की (LINE) सीध में होना चाहिए जिससे कि वह गेंदबाज को

(RUN-UP) जहाँ से कि वह दौड़ने के लिए तैयार हैं तथा उसके (गेंदबाज) गेंद को छोड़ने के सही (DELIVERY) वितरण को ठीक से देख सकें और जिस समय वह गेंद को लेने के लिए बढ़ता है तो उसके पांवों की स्थिति इस प्रकार से होनी चाहिए कि उसका शरीर गेंद की (LINE) पंक्ति के सामने आ जाए जिससे कि वह गेंद को आसानी से पकड़ सके। सबसे मुश्किल कार्य (LEG SIDE) लेग साईड पर जो गेंदें आती हैं उनको लेना है क्योंकि उसमें विकेट कीपर को न केवल गेंद को ही दोहरी बार जांचना पड़ता है बदले में उसे अपने सारे शरीर को हल्का करके गेंद की पंक्ति में भी ले जाना पड़ता है इस कार्य के लिए उसको विकेटों के पीछे इस ढंग से खड़े होना चाहिए कि एक तो वह गेंद को ठीक से देख सके दूसरे इसकी मांसपेशियों में ऐसी कोई खिचावट न हो कि वो अपने शरीर को गेंद की पंक्ति में न ला सके। इसके लिए उसको अपना शरीर और ऐड़िया मजबूत और स्थिर रखनी चाहिए यह सबसे आसान कार्य होगा कि गेंद को (CATCH) लोपना चाहिए न कि रोकना चाहिए विकेट कीपर जिस समय बाई ओर गेंद को लेने के लिए बढ़ता है तो उस समय उसका बांया पांव (LEG STUMP) लेग स्टम्प के बाहर की ओर ले जाकर शरीर को गेंद की पंक्ति में लाकर और फिर शरीर के वजन को बदली करने का नियम बहुत महत्वपूर्ण है। विकेट कीपर को उस समय तक अपने शरीर को बाहर की ओर नहीं धकेलना चाहिए जब तक कि उसको गेंद पूर्णरूप से दिखाई न दे तथा गेंद की दिशा का ज्ञान न हो जाये।

THE BODY: शरीर

जहाँ तक सम्भव हो सके विकेट कीपर का शरीर गेंद की (LINE) पंक्ति में आना बहुत आवश्यक है इसका अभिप्राय यह है कि गेंद को ठीक ढंग से (SIGHT) आंख की रोशनी से जांच कर गेंदको हांथ में लेने की कोशिश करनी चाहिए। हाथों की दिशा गेंद की (DIRECTION) दिशा और किस्म के अनुसार निर्भर करती है।

THE HANDS: हाथ

जहाँ तक सम्भव हो सके गेंद को पकड़ते समय उंगलियों की दिशा नीचे की ओर होनी चाहिए (They must side the Ball) वे गेंद को जिससे की

अवश्य पकड़ सकें। गेंद को पकड़ लेने के बाद उंगलिया कुछ एक दम (तुरन्त) बन्द होनी शुरू हो जानी चाहिए।

CONCERTRATION: एकाग्रता

एकाग्रता विकेट कीपर में होना सबसे महत्वपूर्ण गुण है विकेट कीपर को अपने दिमाग में इस बात का विचार रखना बहुत जरूरी है कि हर एक गेंद बल्लेबाज को (BEAT) हरा करके या बल्लेबाज से खेलने में चूक (MISS) हो गई है जिस कारण से गेंद उसी की ओर आ रही है जिस प्रकार से बल्लेबाज, गेंदबाज के हाथ से गेंद (DELIVER) रिहा या मुक्त होने से पहले उसके (RUN-UP) दौड़ने के स्थान से लेकर गेंद (PITCH) फेंकने तक उसको (WATCH) सावधानी से देखता है और जांच (Investigation) करता है। उसी ढंग से विकेट कीपर को पूर्ण एकाग्रता के साथ गेंदबाज की हर क्रिया (ACTION) को तथा गेंद को पूर्ण फेंकने तक (PITCH होने तक) सावधानी से देखना, जांचना (INVESTIGATION) बहुत आवश्यक है। जब तक कि वो गेंद को अपने हांथों में पकड़ नहीं लेता।

TAKING THE BALL FROM THE FIELD:

एक अच्छे विकेट कीपर का मैदान में गेंद को पकड़ना ही उसकी योग्यता का प्रदर्शन होता है। अगर विकेट कीपर ठीक ढंग से गेंद को पकड़ना जानता है तो वह न केवल बल्लेबाजों को रन आऊट (RUN-OUT) या स्टम्प– आऊट (STUMP-OUT) ही कर सकता है बल्कि बल्लेबाजों का नैतिक पतन भी कर सकता है जिस समय वह अपनी स्थिति (POSITION) में विकेटों के पीछे गेंद लेने के लिए जाता है तो वह अपने आप को ठीक गेंद की पंक्ति (LINE) के पीछे ले जाये और उसके खड़े होने की स्थिति ठीक विकटों के पीछे होनी चाहिए। विकेट कीपर अगर निम्नलिखित नियमों पर अपना अभ्यास करता है तो उसको स्टम्पींग (STUMPING) करने की कला में कोई कठिनाई पैदा नहीं हो सकती।

1. विकेट कीपर में एकाग्रता का होना बहुत जरूरी है।
2. विकेट कीपर के पांवों की क्रिया (FOOT WORK) ठीक होना चाहिए।

3. विकेट कीपर द्वारा गेंद को झपटना नहीं चाहिए।

4. विकेट कीपर को गेंद की पंक्ति (LINE), उड़ान (FLIGHT) और फेंक (PITCH) होने तक गेंद को ध्यान में रखते हुए पहले गेंद को पकड़ना चाहिए और फिर गेंद को ठीक से पकड़ते ही या गेंद को हांथों में ठीक से लपकने (CATCH) के बाद बल्लेबाज के पिछले पॉव पर ध्यान देते हुए अगर बल्लेबाज के पांव पोपिंग क्रीज (POPING CREASE) के अन्दर नहीं है तो बिना किसी देरी के गेंद स्टम्पों को लगा कर स्टम्प आऊट (STUMP OUT) की अपील करनी चाहिए।

5. विकेट कीपर को जब भी स्टम्पींग (STUMPING) का अवसर मिले या जिस समय वह गेंद को पकड़ता है तो विकेट कीपर को चाहिए कि गेंद को स्टम्पों के पीछे से ही पकड़े न कि स्टम्पों के आगे आकर।

6. विकेट कीपर को गेंद की जांच (INVESTIGATION) के लिए उसे गेंद को गेंदबाज के हाथ में जब गेंद होती है तभी से गेंद को देखना शुरू कर देना चाहिए।

7. विकेट कीपर की स्टम्पों के पीछे खड़े होने की स्थिति (POSITION) इस प्रकार की होनी चाहिए कि वह न तो स्टम्पों से अधिक दूर हो और न ही स्टम्पों के ऊपर विकेट कीपर की यह स्थिति गेंदबाज की गति (PACE) और किस्म या प्रकार (KIND OR VARIETY) पर निर्भर करती है। साधारण तौर पर विकेट कीपर को इस स्थिति में होना चाहिए कि हर एक गेंद उसके लिए अच्छी दूरी (GOOD LENGTH) गेंद हो।

8. बल्लेबाज के द्वारा खेली हुई गेंद अगर स्टम्पों के आगे ही रह जाए तो ऐसी अवस्था में विकेट कीपर गेंद को आगे से पकड़ सकता है।

9. विकेट कीपर को उस समय तक गेंद को अपने हाथ में रखना चाहिए जब तक कि बल्लेबाज अपनी क्रीज (CREASE) के अन्दर ठीक ढंग से खड़ा नहीं हो जाता यानि के उसे स्टम्प आऊट (STUMP OUT) का अवसर रखना चाहिए।

10. विकेट कीपर को गेंद गेंदबाज के हाथ में वापिस फेंकने का ढंग आना चाहिए।

RUN-OUT: रन आऊट

विकेट कीपर को स्टम्पींग की भॉति रन आऊट करने की कला भी अवश्य भली–भॉति आनी चाहिए। इसके लिए उसे इस बात का विशेष ध्यान रखना चाहिए कि जब वो फिल्डरों (FIELDERS) द्वारा फेंकी (THROW) हुई गेंद प्राप्त करता है तो उसके हांथ की उंगलिया गेंद की ओर न जाये, उसको गेंद के पीछे नहीं भागना चाहिए। बल्कि स्टम्पों के ठीक पीछे खड़े होकर (फिल्डरों) क्षेत्र रक्षकों से आने वाली हर फेंकी हुई गेंद को ठीक प्रकार से लेना चाहिए और जिस समय बल्लेबाज गेंद को निशाना मारकर (HIT) स्कोर लेने के लिए पुकारता (CALL) है तो ठीक उसी समय विकेट कीपर को स्टम्पों के पास गेंद की पंक्ति, दिशा (LINE, DIRECTION) यानि के जिस दिशा में बल्लेबाज ने गेंद को खेला हो उसी तरफ विकेट कीपर को अपना मुंह करना चाहिए, और स्टम्पों के ऊपर ही गेंद को लेने या लपकने (CATCH) करने की कोशिश करनी चाहिए जहॉं तक भी सम्भव हो सके फेंकी (THROW) हुई गेंद को अपने शरीर के सामने लेने की कोशिश करनी चाहिए इसके लिए हम यह कह सकते हैं कि उसके शरीर में चुस्ती, आंखों की दृष्टि अच्छी और पूर्ण एकाग्रता का होना बहुत महत्वपूर्ण है ऐसी अवस्थाओं के होने से रन आऊट का अवसर मिल सकता है।

"विकेट–कीपर के आम–दोष"

STUMPING : "स्टम्पींग"

1. जो विकेट कीपर गेंद को हाथों में पकड़ने से पहले ही बल्लेबाज के बल्ले की ओर देखें और यह सोचे कि गेंद बल्लेबाज के द्वारा खेला जायेगा।

2. गेंद को पकड़ने से पहले ही स्टम्पों की ओर देखने लग जाना।

3. गेंद को लपकने (CATCH) करने की अपेक्षा गेंद की ओर झपटना।

ऊपर लिखे तीनों दोष विकेट कीपरों में आमतौर पर पाये जाते हैं जिससे कि विकेट कीपर स्टम्पींग (STUMPING) कला का ठीक से प्रयोग नहीं कर सकते। विकेट कीपर क ो इस बात का विशेष ध्यान रखना चाहिए कि ऊपर दिये तीनों मुख्य दोषों के साथ–साथ यह बात भी काफी सम्भव सी प्रतीत होती है कि "वह गेंद और बल्ले पर तक साथ ध्यान दे सके" इसके लिए उसको केवल गेंद की ओर ध्यान देना बहुत आवश्यक है।

जल्दी का काम शैतान का है

IMPORTANCE OF NET PRACTICE
नेट अभ्यास की महत्ता

यह बात दूसरी सभी खेलों में भी आती है कि अभ्यास ही सफलता की जननी है और ठीक इसी प्रकार से क्रिकेट खेल में प्रतिदिन का नेट अभ्यास भी जरूरी है खास तौर पर क्रिकेट खेल में प्रतिदिन का नेट अभ्यास बहुत महत्वपूर्ण है जिस स्थान पर युवकों कोचिंग अतः ठीक ढंग से खेलने की विधि सिखाई जाती है वहाँ पर प्रतिदिन के नेट अभ्यास में सबसे पहले यह बताना बहुत जरूरी है कि खेल खेलने का स्थान अच्छा होना चाहिए।

युवकों को नेट लगाना, पंक्तियों (LINES) या रेखा डालने (CREASE) का ढंग बताना तथा विकेट को कैसे तैयार करते हैं कि विधि भी बतानी चाहिए अतः जब कभी दो नेट पर एक साथ अभ्यास हो और दोनों नेट पास–पास लगे हों तो उस स्थिति में नेट के बीच के भाग में दोहरा (DOUBLE) नेट होना चाहिए। जिन युवकों को प्रतिदिन के नेट अभ्यास की आदत नहीं है वह मैच में अपने खेल का प्रदर्शन कुछ भी नहीं दे पायेगें। युवकों को प्रतिदिन के नेट अभ्यास में गेंद का निर्णय या फैसला (JUDGEMENT), बल्ले को उठाना (LIFT) व गेंद को इधर–उधर झुलाना (SWING), पांवों की ठीक क्रिया (RIGHT FOOT WORK) इत्यादि सभी प्रतिदिन के नेट अभ्यास करने से ही ठीक किये जाते हैं। नेट अभ्यास में सब से महत्वपूर्ण बात अनुशासन (DISCIPLINE) है सभी प्रशिक्षकों का यह कर्त्तव्य है कि वह नेट अभ्यास के समय अनुशासन रखें। अनुशासन को रखने से ही नतीजे या परिणाम बहुत अच्छे निकलते हैं।

नेट अभ्यास के समय बल्लेबाजी, गेंदबाजी और क्षेत्र रक्षण (FIELDING) इत्यादि सभी को मैच ही की भांति समझ कर खेलना चाहिए। युवकों को नेट अभ्यास करते समय खेल ठीक ही खेलना चाहिए अतः उनको नेट अभ्यास पर

"घृणा केवल प्रेम से जीती जा सकती है"

आने के बाद सामाजिक भावनाओं को बढ़ावा नहीं देना चाहिए सभी युवकों को गेंदबाजी में भाग लेना चाहिए सभी युवकों को अभ्यास के समय झुण्ड (GROUP) में इकट्ठें नहीं होना चाहिए क्योंकि ऐसा करने से अनुशासन भंग होता है। सभी खिलाड़ियों को गेंदबाजी और बल्लेबाजी को ध्यान से देखना और जांचना (INVESTIGATION) चाहिए चाहे वह पचास गज की दूरी पर ही क्यों न खड़े हों। ऐसा करने से देखने और सीखने की भावना बढ़ती है जिससे वह अपनी त्रुटियां शीघ्र सुधार सकते हैं।

नेट अभ्यास में खेलते समय निर्णय या फैसला (JUDGEMENT) और जांचना (INVESTIGATION) बहुत महत्वपूर्ण कार्य है जो कि भविष्य में आने वाले कोचों के लिए बहुत ही महत्वपूर्ण कार्य तथा लाभकारी है इसके साथ–साथ वह गलतियों को जांच कर शीघ्र दूर कर सकते हैं। युवकों को नेट अभ्यास में इस बात का विशेष जोर देना चाहिए कि वो अच्छे और साफ से कपड़ों में ही नेट अभ्यास पर आएं। पहनावा साफ होना चाहिए चाहें वह सस्ता ही क्यों न हो। गन्दे कपड़े चाहें कितने ही कीमती क्यों न हो अच्छे नहीं लगते इसके लिए एक महत्वपूर्ण कहावत है कि ''अगर आप एक अच्छे खिलाड़ी नही हैं तो भी कम से कम दिखाई जरूर दें।''

जब कभी नेट अभ्यास के अन्दर जो युवक असावधानी या लापरवाही (CARELESS) से बल्लेबाजी कर रहें हो तो उनको शीघ्रता से ठीक करना चाहिए तथा बल्लेबाज को यह बताना चहिए कि गेंद को किस प्रकार ठीक खेलना चाहिए तथा किस–किस ढंग से योग्यतापूर्ण गोलंदाज (SHOTS) या गोलंदाजी करनी चाहिए या लगाना चाहिए। नेट अभ्यास के अन्दर उदासीनता (APATHY OR INDIFFERENCE) दूर करने के लिए और हर एक खिलाड़ी को कार्य में लगाने के लिए बल्लेबाजी और गेंदबाजी के साथ–साथ अगर सभी खिलाड़ी उसमें भाग न ले रहे हों तो दूसरे खिलाड़ियों को क्षेत्र रक्षण (FIELDING) में लगाना चाहिए इस प्रकार से सभी खिलाड़ी नेट अभ्यास के अन्दर कार्य करते रहेगें जो खिलाड़ी बल्लेबाजी पहले कर लेते हैं वो जब तक अपने हिस्से की गेंदबाजी और क्षेत्र रक्षण (FIELDING) नहीं कर लेते तब तक उनको नेट से छुट्टी की आज्ञा नहीं देनी चाहिए। अध्ययन पूर्वक नेट

''घृणा करना शैतान का काम है, क्षमा करना इन्सान का धर्म है''

अभ्यास चाहें अधिक समय तक किया जाय अधिक हानि दे सकता है परन्तु अच्छी एकाग्रता या ध्यानपूर्वक से कम समय भी नेट अभ्यास किया जाय तो भी काफी लाभकारी है।

युवकों को इस बात का ध्यान दिलाना अत्यन्त आवश्यक है कि वो नेट अभ्यास को बड़े ध्यानपूर्वक करें जिससे उनकी योग्यता में वृद्धि हो और खेल की जानकारी (KNOWLEDGE) भी प्राप्त करें। उनको यह समझना चाहिए कि दूसरे खिलाड़ियों को भी उतना ही खेलना है जितना उनको खेलना है। गेंदबाज को इस बात का ध्यान रखना चाहिए कि वो ठीक ढंग से गेंद करें तथा बल्लेबाज को समय दें कि वह गेंद को ठीक ढंग से खेल सकें। बल्लेबाज का भी यह कर्त्तव्य बन जाता है कि वह ठीक ढंग से गेंद को खेलें तथा जो गेंद खेल के उपरान्त नेट के अन्दर रह जाते हैं उनको ठीक ढंग से गेंदबाज की ओर वापिस करें। कोचों या प्रशिक्षकों को इस बात का ध्यान रखना चाहिए कि बल्लेबाज, गेंदबाज और क्षेत्ररक्षक (FIELDERS) को कभी भी ऐसा मौका या अवसर नहीं देना चाहिए कि वह गेंद को पांव से मारे अथवा गेंद को इधर–उधर फेंकने की कोशिश करें। बल्लेबाज, गेंदबाज और क्षेत्ररक्षक को अपने कार्य की जानकारी के साथ इस प्रकार से नेट अभ्यास के अन्दर कार्य करना चाहिए जैसे कि वह मैच के अंदर करते हैं।

अच्छे प्रशिक्षक अपने मस्तिष्क में इस बात का ध्यान हर समय रखते हैं कि खिलाड़ी के पावों की क्रिया, (FOOT WORK) फेंकना, (THROW) शुरु से दौड़, (RUN UP) क्रिया, (ACTION) दूरी, (LENGTH) दिशा, (DIRECTION) यथार्थता या ठीक होने का भाव (ACCURACY) पीछे की ओर उठाना, (BACK LIFT) बल्लेबाजी की विधि या प्रणाली, (METHOD OF BATTING) इत्यादि को हर एक ढंग से देखें तथा जो खिलाड़ी में त्रुटियाँ हो उन्हें दूर करें अच्छा प्रशिक्षक इस बात का ध्यान रखें कि खिलाड़ी कभी ऐसा महसूस न करें कि वह नेट में केवल गिनती मात्र अपने आप को दिखाने आया है। किन्तु उसे युवकों के खेल को और बढ़ाना चाहिए।

"आनन्द का रहस्य त्याग है"

अन्त में यह कहा जा सकता है कि, जो खिलाड़ी नेट अभ्यास के अन्दर अपने खेल का सुधार नहीं कर पाते वह जिन्दगी भर उच्च कोटी के खिलाड़ी नहीं बन सकते और न ही उन आदतों को सुधार सकते हैं जो उनको अध्ययन पूर्वक नेट अभ्यास में असावधानी (CARELESS) से पड़ी है।

CONCENTRATION: एकाग्रता

जैसे कि सभी क्रिकेट प्रेमी यह जानते हैं कि संसार में "सर डोनल्ड ब्रेडमैन" जैसे बल्लेबाज पैदा हुए हैं जो कि उस समय आस्ट्रेलिया क्रिकेट चुनाव कमेटी के प्रधान थे। वो जब कभी भी बल्लेबाजी की बात करते हैं तो सबसे पहले एकाग्रता की ही बात करते हैं। वो कहते हैं "कि क्रिकेट खेल के अन्दर बल्लेबाजी सबसे महत्वपूर्ण भाग है क्योंकि विरोधी टीम के एक नहीं ग्यारह बल्लेबाजों को आऊट करना होता है जो कि इसी इन्तजार में रहते हैं कि कब मौका मिले कि वह अपने खेल का प्रदर्शन कर सकें।"

ब्रेडमैन जैसे महान बल्लेबाज जिसने अपने खिलाड़ी जीवन में थोड़े से मौके लेकर कई सैकड़े बनाये हैं उससे भी गलतियाँ हुई हैं और वो उन गलतियों का उत्तर एकाग्रता की कमी बताते हैं जैसे कि उनके कथन से पता चलता है कि एकाग्रता बल्लेबाजी के अन्दर सबसे महत्वपूर्ण गुण है। कोई भी बल्लेबाज अगर अपने आपको अच्छा खिलाड़ी साबित करना चाहता है। तो उसको सबसे पहले एकाग्रता के साथ अपनी बल्लेबाजी शुरू करने से पहले निम्नलिखित बातों पर ध्यान देना बहुत जरूरी है।

1. जब वह अपनी पारी (INING) में बल्लेबाजी करने के लिए जाता है तो उसे सबसे पहले रोशनी (LIGHT) पिच की रफ्तार (PACE OF THE PITCH) फिल्डिंग की नियुक्ति (SETTING OF THE FIELDING) जो कि दूसरी टीम के कप्तान ने उसके लिए नियुक्त (SET) की होती है उसके बारे में जानना जरूरी है।

"प्राणियों के कल्याण की भावना ही सच्चा धर्म है"

अनेक स्थलों पर ध्वजारोहण किया गया।

दैनिक आलोक

मध्यप्रदेश के मुख्यमन्त्री श्री वीरेन्द्र कुमार सखलेचा ने कल प्रातः कल्पना छविगृह में अन्तर्राष्ट्रीय बाल फिल्म समारोह का उद्घाटन किया।

17.8.79

पठानियां क्रिकेट टीम प्रगति की ओर

(नगर प्रतिनिधि द्वारा)

भोपाल। टी०टी० नगर स्टेडियम भोपाल में क्रिकेट के प्रति रुचि दिन प्रतिदिन बढ़ती ही जा रही है। राष्ट्रीय क्रीड़ा संस्थान पटियाला द्वारा मध्य प्रदेश क्रीड़ा परिषद भोपाल में लाये हुए अनुशासन पी० एन० आई० एस० क्रिकेट कोच श्री जी० एस० पठानियां [illegible] क्रिकेट [illegible] बाल जीवन में भी नवोदित युवकों को प्राप्त तथा साथ फिजिकल फिटनेस एवं एक्सरसाईज के साथ-साथ बल्लेबाजी के भिन्न-भिन्न स्ट्रोकों पेंदबाजी की कला की बारीकियां फील्डिंग करने के ढंग व क्रिकेट कीपिंग की कला की चतुराइयों का प्रतिदिन नेहू अभ्यास और प्रत्येक अवकाश के दिन मैच अभ्यास साइन्टिफिक ढंग से सिखा रहे हैं श्री पठानियां इस कड़ी मेहनत व लगन से अपने कार्य में जुटे हुए हैं इससे भविष्य में बहुत अच्छे खिलाड़ी प्रदेश को मिलने की पूरी उम्मीद है।

भारतीय खेल प्राधिकरण के निदेशक एस.के. सन्दर ने आज भेल खेल प्राधिकरण में चल रहे ग्रीष्मकालीन खेल प्रशिक्षण शिविर का अवलोकन किया। प्रबंधक (खेल) जे.एल. कल्याण तथा भेल खेल क्लब के सचिव आर.एस. ठाकुर भी इस अवसर पर उपस्थित थे। 24.5.94 दैनिक भास्कर

पठानियाँ संवार रहे है क्रिकेट की पौध को

7.5.94

(खेल प्रतिनिधि द्वारा)

भोपाल। सूरज की किरणों के धरती पर उतरने के पहले ही सैकड़ों छोटे-छोटे बच्चे श्वेत धवल वस्त्रों में भेल-खेल परिसर स्थित रीजनल क्रिकेट कोचिंग सेन्टर के मैदान नम्बर २ पर अपने छोटे-छोटे हाथों में क्रिकेट के बैट और बाल थामे प्रशिक्षण में मशगूल दिखाई देते हैं। वैसे तो प्रतिवर्ष इस मैदान में ग्रीष्मकालीन प्रशिक्षण शिविर शुरू होते ही बच्चों और क्रिकेट सीखने वालों की भीड़ लग जाती थी लेकिन इस वर्ष उत्साह कुछ ज्यादा ही दिखाई दे रहा है क्योंकि इस वर्ष भारत के सुविख्यात क्रिकेट प्रशिक्षकों में से एक श्री गोकुल सिंह पठानिया इस हरी पौध को अनुशासन, परिश्रम, लगन और अनुभव के पानी से सींच रहे हैं।

भोपाल ही नहीं वरन् प्रदेश के सबसे खूबसूरत हरे-भरे क्रिकेट मैदान में रीजनल क्रिकेट कोचिंग सेन्टर-२ भेल में कुल [illegible] क्रिकेट के रणबांकुरे युवक और बाल क्रिकेट का प्रशिक्षण प्राप्त करने में लगे हैं। श्री पठानिया के अलावा श्री आर.के. राजपूत [illegible] आर.डी., [illegible], राम कुमार [illegible] भी बच्चों को क्रिकेट का प्रशिक्षण प्रदान कर रहे हैं। यह प्रशिक्षण सुबह ६ बजे से ९ बजे तक तथा शाम ५ से ८ बजे तक प्रदान किया जा रहा है। मैदान पर नेट प्रेक्टिस तथा फिटनेस का इस प्रशिक्षण शिविर में विशेष ध्यान दिया

भेल खेल प्रांगण स्थित रीजनल क्रिकेट कोचिंग सेन्टर-२ में भोर की पहली किरण के साथ ही श्वेत धवल वस्त्रों में नन्हें-नन्हें हाथों में बैट और बॉल का संघर्ष देखते ही बनता है। इस नन्हीं पौध को भारत के सर्वश्रेष्ठ क्रिकेट कोचों में से एक श्री गोकुल सिंह पठानियां संवार रहे हैं। भेल का यह मैदान एक सम्पूर्ण क्रिकेट मैदान है। अगर भेल मैनेजमेंट इसमें रूचि लेकर मैदान में दर्शकों के बैठने के लिये स्टैण्ड तैयार करवा दे तो यहाँ अंतर्राष्ट्रीय एक दिवसीय मैचों का आयोजन बखूबी किया जा सकता है। तकनीकी दृष्टि से यह मैदान सर्वश्रेष्ठों में एक है।

ग्रीष्मकालीन प्रशिक्षण शिविर-२

जा रहा है। श्री पठानिया ने बताया कि सुबह के सत्र में फिटनेस तथा शाम के सत्र में नेट प्रेक्टिस पर जोर दिया जा रहा है।

क्रिकेट मैदान पर उपस्थित क्रिकेट के सचिव आर.के. राजपूत ने जानकारी देते हुए बताया कि इस वर्ष के अंत में होने वाले रणजी ट्राफी लीग मैच भेल खेल प्राधिकरण के इस मैदान पर खेले जाएंगे। इसके साथ ही निकट भविष्य में यहां पर एक दिवसीय अंतर्राष्ट्रीय क्रिकेट मैच कराने की भी जोरदार तैयारियां चल रही हैं। इसी के चलते मुख्य स्कोर बोर्ड के पास एक और आधुनिक ड्रेसिंग रूम का निर्माण कार्य शीघ्र ही आरम्भ किया जाने वाला है। जब इस प्रतिनिधि ने टेक्निकल कमेटी से एक दिवसीय मैच के आयोजन इस मैदान पर हो सकते हैं, से संबंधित बात की तो उनका कहना था कि अगर भेल मैनेजमेंट चाहे तथा श्री हाडा जो कि क्रिकेट में विशेष रुचि रखते हैं सार्थक पहल करें तो यहां पर एक दिवसीय मैच का आयोजन होना कोई बड़ी बात नहीं है।

इससे पूर्व जब पिछले वर्ष यहां मध्यप्रदेश और दिल्ली का रणजी मुकाबला हुआ था तब कीर्ति आजाद, संदीप पाटिल, अतुल वासन आदि ने भी इस मैदान की प्रशंसा की थी। कीर्ति का कहना था कि अगर मैदान के चारों ओर बैठक व्यवस्था की कमी पूरी कर ली जाती है तो यह मैदान एक दिवसीय मैचों के लिए एक श्रेष्ठ मैदान है।

भेल क्रिकेट मैदान पर बच्चों के प्रशिक्षण के लिए सामानों की कोई कमी नहीं है। छोटे बच्चों को अभी टेनिस बाल और बैट से प्रारंभिक प्रशिक्षण दिया जा रहा है। करीब ५० बल्ले उनको खेलने के लिए दिए गए हैं। इसके अलावा सीनियर खिलाड़ियों को रोजाना १० गेंदें तथा १० अच्छी कंपनी के बल्ले प्रशिक्षण हेतु [illegible]

18 जनवरी 1983

दैनिक भास्कर भोपाल

एम. सी. सी. क्रिकेट क्लब सम्मानित

भोपाल १७ जनवरी खेल एवं युवक कल्याण मंत्री श्री अजय नारायण मुशरान ने भोपाल के टी. टी. नगर स्टेडियम में एम. सी. सी. क्लब के क्रिकेट खिलाड़ियों को उनकी सफलताओं के लिए प्रोत्साहन एवं पुरस्कृत किया।

उक्त खिलाड़ियों ने [illegible] आमंत्रण प्रतियोगिता (विदिशा) एवं [illegible] अभिभावक प्रतियोगिता (खंडवा) जीती है और [illegible] ट्राफी [illegible] में अपने खेल का अच्छा प्रदर्शन किया।

आज के समारोह में [illegible] खेल एवं युवक कल्याण विभाग के निदेशक आदि उपस्थित थे।

वेस्ट इंडीज जाने वाली टीम का चयन [illegible]

पठानिया भेल स्पोर्ट्स प्राधिकरण में पदस्थ

26.12.93 "देशबन्धु"

भोपाल, २० दिसंबर (देशबन्धु)। खेल संचालनालय में क्रिकेट कोच पद पर कार्यरत गोकुलदास पठानिया को भेल की स्पोर्ट्स-प्राधिकरण में पदस्थ किया गया है। श्री पठानिया कल अपना नया कार्यभार ग्रहण करेंगे।

१९७२ में पंजाब रणजी ट्राफी टीम का प्रतिनिधित्व कर चुके श्री पठानिया ने १३ जनवरी १९७४ से प्रशिक्षण देना प्रारंभ किया। उन्होंने १९७०-७१ में नेताजी सुभाष राष्ट्रीय खेल संस्थान पटियाला से (एन आई एस) का डिप्लोमा प्राप्त किया तथा नौकरी की राह पर चलते गए। उनकी प्रथम पदस्थापना १२ जनवरी १९७४ को एन आई एस प्रशिक्षक के रूप में नेहरू युवक केंद्र कटिहार बिहार में की गई जहाँ उन्होंने सैकड़ों क्रिकेट खिलाड़ियों को क्रिकेट का गुर सिखाया। इसके अलावा श्री पठानिया १३ जनवरी १९७७ से नवंबर १९८१ तक रीजनल कोचिंग सेंटर भोपाल में, १७ दिसंबर १९८१ से अक्टूबर १९८२ तक स्पोर्ट्स हॉस्टल आगरा कैंट (उ.प्र.) में तथा १३ जनवरी १९८३ से २० दिसंबर १९९३ तक पुनः रीजनल कोचिंग सेंटर भोपाल में प्रशिक्षण दे चुके हैं।

१५ अगस्त १९८४ को अमृतसर में जन्मे श्री पठानिया बिहार आगरा, म.प्र. आदि शहरों में हजारों क्रिकेटरों को प्रशिक्षण दे चुके हैं। श्री पठानिया म.प्र. में अच्छे क्रिकेटरों को तराशने की खान है। उन्होंने म.प्र. रणजी टीम को प्रदीप गरुड़, रोहित तलवार, अभय लगाटे, सोहेल अंसारी, इमरान खान, रमेश सालोकर, मुकेश सालोकर, दिलीप अवस्थी, हर्ष पाण्डे, राजकुमार दरियानी आदि जैसे खिलाड़ी देकर म.प्र. के क्रिकेट जगत में तहलका मचाया है। श्री पठानिया ने रात को फोन पर बताया कि अगर भेल के लड़के कड़ी मेहनत करेंगे तो मैं उन्हें देश का चमकता हीरा बना सकता हूं और वह आने वाले समय में देश व प्रदेश का नाम रोशन करेंगे। उन्होंने बताया कि मैं भेल में पदस्थ होने पर बहुत प्रसन्नता जाहिर कर रहा हूं। मैं सही सच्ची खेल भावना को स्वीकार करते हुए अच्छे से अच्छा प्रशिक्षण खिलाड़ियों को देने का प्रयास करूंगा।

कोट्टायम, २० दिसंबर (वार्ता)। वर्ष १९९३-९४ की अंतर विश्वविद्यालय एथलेटिक्स प्रतियोगिता नौ से बारह फरवरी तक यहाँ नेहरू स्टेडियम में आयोजित की जाएगी।

आर.सी.सी. कैम्प में खिलाड़ी नेट पर अभ्यास करते हुए. 15.5.92 नव भारत

भोपाल में पठानिया ने जब कदम रखा

(खेल प्रतिनिधि)

भोपाल. 'ओय-ओय, यह बॉल ऐसी मत कर। यह किसी फिल्म के बोल नहीं, बल्कि राजधानी के टी.टी. नगर स्टेडियम के एक छोटे-से छोरे पर अपना छोटा-सा आशियाना लगाये ६० लड़कों के साथ कठिन परिश्रम करते हुये कोच गोकुल सिंह पठानियां के वह बोल हैं, जो अपने लड़कों को इस अंदाज में पुकारते हैं।

हम ग्रीष्मकालीन खेलों में भाग ले रहे खिलाड़ियों की चर्चा पिछले कई वर्षों से कर रहे हैं। अब उन बच्चों को कौन सिखाता है, रणजी खिलाड़ी तैयार करने वाले और वीनू मंकड़ ट्राफी, स्कूली खिलाड़ियों व प्रदेश में जितने खिलाड़ियों के सामने आर.सी.सी. के गोकुल सिंह पठानियां का तैयार करने में योगदान रहा, शायद उतना किसी दूसरे कोच का नहीं। आज भी श्री पठानियां को सुबह और शाम को अपने खिलाड़ियों के साथ टी.टी. नगर स्टेडियम में देखे जा सकते हैं। हमने श्री पठानियां से सात सवाल किये। उससे जवाब से पूर्व हम यह बता देना जरूरी समझते हैं कि म.प्र. से रणजी ट्राफी में भाग लेने वाले श्री सोहेल अंसारी, रमेश सातोकर, महेंद्र सातोकर, मो. इमरान, अभय लगाते, रोहित तलवार जैसे अन्य दूसरे खिलाड़ियों ने उनके शिविर में भाग लेकर यह गौरव हासिल किया है।

नाटे कद, गोल चेहरे एवं भूरी आँखों वाले ...

प्रश्न- आपका जन्म स्थल?

उत्तर- अमृतसर, १५ अगस्त १९४४।

प्रश्न- आपने एन.आई.एस. कब किया?

पठानियां

उत्तर- १९७०-७१ में पटियाला में।

प्रश्न- आप भोपाल कब आये?

उत्तर- वह मुझे याद है १९७७ में, जब यहां क्रिकेट कम होता था। मैंने स्टेशन पर आते ही प्रार्थना की थी, ईश्वर तूने मुझे अपने वतन से यहां भेजा है, मुझे शक्ति दे, मैं यहां कुछ कर सकूं और आज देखिये।

प्रश्न- अपनी पसंद?

उत्तर- मैदान पर खेलते हुये खिलाड़ी।

प्रश्न- ना पसंद?

उत्तर- छुट्टी का दिन।

प्रश्न- क्रिकेट का स्तर यहां का भविष्य?

उत्तर- खिलाड़ियों को मौका नहीं मिलता हमारा मन तो चाहता है खिलाड़ी ऊपर आयें, प्रदेश से खेलें मगर यह क्या बतायें, बस संघर्ष जारी किये ...

... सकता है, सस्ता होना चाहिये।

प्रश्न- जीवन में कोई घटना?

उत्तर- इससे बड़ी घटना क्या होगी मेरे लिये, हमारे लाखों लोगों को इस शहर में कम है या क्रिकेट टेस्ट मैच देखने को नहीं मिलता। यहां क्रिकेट का एक विशाल स्टेडियम होना चाहिये। उसमें रात व दिन में क्रिकेट हो, अगर हो जाये तो पता नहीं तो इससे बड़ी घटना मेरे लिये नहीं है क्यों मैं अपनी मेहनत नहीं देखना चाहता हूं?

सरताज वीकली

37वें ड्रा दि. 10-5-92

संशोधन

दि. 11-5-92 को प्रकाशित 37वें ड्रा के परिणाम में 5th Prize No. 54023 के स्थान पर 54029 पढ़ा जावे।

कंचनजंगा

संशोधन

दि. 12-5-92 को प्रकाशित उपरोक्त लाटरी परिणाम का ड्रा नं. 470 के स्थान पर 471 पढ़ा जावे।

गुणट

भारतीय खेल प्राधिकरण के निदेशक एस.के. सागर ने आज भेल खेल प्राधिकरण में चल रहे-ग्रीष्मकालीन खेल प्रशिक्षण शिविर का अवलोकन किया। प्रबंधक (खेल) जे.एल. कल्याण तथा भेल खेल क्लब के सचिव आर.एस. ठाकुर भी इस अवसर पर उपस्थित थे। 24.4.94 दैनिक भास्कर

पठानिया इलेवन ने शील्ड पर कब्जा

श्री रणवीर सिंह द्वारा खिलाड़ियों को सहायता

(निज प्रतिनिधि द्वारा)

भोपाल। दसवीं केनारा आमंत्रित क्रिकेट प्रतियोगिता के फायनल मैच में एम०सी०सी० पठानिया इलेवन ने पिछले वर्ष की विजेता स्टेट बैंक आफ इण्डिया को एक रोमांचक व संघर्षपूर्ण मैच में हराकर दसवी केनारा शील्ड पर अपना अधिकार जमा लिया।

पठानिया इलेवन के अध्यक्ष श्री रणवीर सिंह रंगवालाने विजेता टीम के खिलाड़ियों को उनके उत्कृष्ट खेल खेलने पर बधाई दी और कहा कि खिलाड़ियों में अनुशासन होना जरूरी है जिससे ... अपने खेल को अच्छा बना सकते है। उन्होंने आगे कहा कि एशियाई खेलों के सफल संचालन के बाद देश व प्रदेश के खिलाड़ियों में नई ज्योति प्रज्वलित हुई और बच्चों खेलों के प्रतिरूचि पैदा हुई है। श्री रंगवाला ने पठानिया टीम के खिलाड़ियों को एक समारोह में भोज दिया तथा उन्हें आर्थिक सहायता देने की घोषणा की।

मुख्य अतिथि श्री लक्ष्मण शर्मा संसद सदस्य ने खिलाड़ियों को विजयी होने पर बधाई दी तथा पठानिया टीम के प्रशिक्षक श्री पठानिया को बधाई दी।

... ओवर ४ गेंदों में ७ विकेट खोकर १६७ रन बनाए तथा स्टेट बैंक ने ४० ओवर में ८ विकेट पर १६६ रनबनाए। पठानिया की तरफ से कप्तान श्री प्रदीप ने ५६ रन बनाए उनको मैन आफ दी मैच का पुरस्कार दिया गया।

पठानिया इलेवन के अध्यक्ष श्री रंगवाला की रुचि खेलों के प्रति अधिक है वह इस प्रकार की प्रतियोगिताओं के आयोजनकर्ताओं को हर संभव मदद करते है। उनके इन कार्यों से खिलाड़ियों का मनोबल बढ़ता है।

दैनिक जागरण 21.12.93

अब चमकेंगे भेल में क्रिकेट के सितारे....?

– रवि खरे द्वारा

भोपाल। भेल खेल अथारटी में क्रिकेट के सुनहरे दिन कल से उस समय वापस आ जाएंगे जब प्रदेश के सर्वाधिक उत्कृष्ट प्रशिक्षकों में से एक श्री गोकल सिंह पठानिया भेल खेल प्राधिकरण में कल क्रिकेट कोच के रूप में कार्यभार ग्रहण करेंगे।

भेल खेल परिसर का हराभरा क्रिकेट ग्राउंड म.प्र. के सम्पूर्ण क्रिकेट मैदानों में से एक के रूप में जाना जाता है। इस मैदान पर वह सब कुछ मौजूद है जिससे क्रिकेटर पैदा किए जाते है। भेल के बच्चों में सचिन-काम्बली जैसा बनने की प्रतिभा तो है लेकिन उनको जरूरत थी रमाकांत अचरेकर जैसे गुरू की जो उनकी प्रतिभा को खेल में राजनीति से दूर करके उजागर करते हुए प्रदेश और देश के लिए क्रिकेट का हीरा उत्पन्न कर सके। अब खेल के मैदान पर राजनीति की बिसात बिछाने वालों को पठानिया की भेल में कोच के रूप में नियुक्ति से जलन हो सकती है लेकिन वह बच्चे इस खबर को पढ़कर प्रसन्नता से सराबोर हो जाएंगे जिनमें क्रिकेट के प्रति आकर्षण अच्छा क्रिकेटर बनने की प्रतिभा और पठानिया जैसा कोच पाने की इच्छा है।

श्री पठानिया ने कार्यभार ग्रहण करने के पूर्व इस प्रतिनिधि से चर्चा करते हुए भेल खेल प्राधिकरण से बच्चों में क्रिकेट के विकास के लिए उपयुक्त सामान देने तथा बच्चों से कड़ी मेहनत का आव्हान किया ताकि

कामयाबी उनके कदम चूम सके।

श्री पठानिया भोपाल में पिछले एक दशक से भोपाल की क्रिकेट का भविष्य संवार रहे है अब इसे श्री पठानिया का दुर्भाग्य कहें या भोपाल का दुर्भाग्य कहे कि महेन्द्र सातोकर, रमेश सातोकर, हर्ष पाण्डे, राजकुमार दरियानी जैसे खिलाडी तैयार करने के बाद भी भोपाल का नाम देश की क्रिकेट टीम में रोशन न हो सका।

श्री पठानिया का जन्म १५ अगस्त १९४४ को अमृतसर मे श्री टी.आर. पठानिया के यहां हुआ था। बी.ए. तक शिक्षा ग्रहण करने के बाद ७०-७१ मे नेताजी सुभाष संस्थान पटियाला से एन.आई.एस. का डिप्लोमा किया। श्री पठानिया क्रिकेट के एक अच्छे खिलाड़ी है सन् ७२ मे पठानिया ने पंजाब की ओर से रणजी ट्राफी मे भी भाग लिया।

७१ से ७३ तक श्री पठानिया ने डी.ए.वी. कालेज अमृतसर में क्रिकेट कोच ... नौकरी की। इनकी पहली ... की एन.आई.एस. कोच के रूप में ... नियुक्ति १९७४ को नेहरू युवक केन्द्र ... १३ जनवरी मे हुई। वहां यह ७६ तक ... बेतिया (बिहार) ८१ तक रीजनल ... रहे। ७७ से नवम्बर (प्रथम) में प्रशिक्षण दे कोचिंग सेन्टर भोपाल ८१ से ८२ तक ... ते रहे इसके बाद दिसम्बर प्रशिक्षण देते रहे ... ट्रांजिट हॉस्टल आगरा कैंट मे से २० दिस. ... इसके पश्चात १३ जन. ८ ... सेन्टर प्रथम में ... तक फिर ... के प्रश्चात अब भेल ... में कल नवोदित बच्चों को क्रिकेट के गुर सिखाने कल से कमान संभाल रहे है।

... ह के संग 'सेफ' शुभारम्भ

अभी तक के सभी सैफ खेलों में वर्चस्व बनाए रखने वाले भारत ने २४८ सदस्यों का दल भेजा है। श्रीलंका के २५० सदस्यों का दल भाग ले रहा है। भारत, श्रीलंका और बंगलादेश सभी ११ खेल-स्पर्धाओं में भाग लेंगे।

इस बीच अफगानिस्तान और उजबेकिस्तान दक्षिण एशियाई खेल फेडरेशन के सदस्य बन गए है। अगले खेल १९९५ में मद्रास में होंगे।

आर.सी.सी. (पठानिया) ने संजय स्मृति क्रिकेट स्पर्धा जीती

29.12.91

भारत-पाक में खिताबी टक्कर

2. कई बल्लेबाज कई बार रोशनी (LIGHT) और विकेट की गति (PACE OF SPEED) के बारे में इतने अन्ध–विश्वासी हो जाते हैं कि वह पहले ही गेंद पर इन बातों को बिना जाने अपना खेल शुरू करते हैं और वो यह सोचते हैं कि पहले ही गेंद पर हम विरोधी टीम के आक्रमण (ATTACK) को तोड़ सकते हैं जिससे कि उनकी एकाग्रता में ढिलापन आ जाता है और उसका परिणाम यह निकलता है कि वह पहली ही गेंद पर आऊट होकर वापिस पवेनियल (PAVILION) में आ जाते हैं।
3. एकाग्रता को सफल करने के लिए सबसे पहले खिलाड़ी को प्रतिदिन के नेट अभ्यास के अन्दर अनुशासन रखना होगा जो उसके खेल को बढ़ा सकता है। ऊपर लिखी बातों को ध्यान में रखते हुए खिलाड़ी को अपने स्ट्रोक्स का प्रदर्शन करना चाहिए।

CONCENTRATION OF NET- PRACTICE:

नेट अभ्यास में एकाग्रता

एक अच्छे कोच को अपने युवक खिलाड़ियों में एकाग्रता लाने के लिए निम्नलिखित बातों को ध्यान में रखना चाहिए।

सर्व प्रथम तो उसे अपने खिलाड़ियों को बल्लेबाजी के नियम बताने चाहिए। जिन गेंदबाजों से जो बल्लेबाज बल्लेबाजी करते हुए डरते हो नेट अभ्यास में उन्हीं गेंदबाजों द्वारा बल्लेबाजी का अभ्यास करवाना चाहिए। जिससे कि डरने वाला बल्लेबाज अपनी खोई हुई एकाग्रता को प्राप्त कर सकें। तथा उसी प्रकार से नेट अभ्यास के अन्दर क्षेत्र रक्षकों को नियुक्त (SET) करना चाहिए जिससे कि बल्लेबाज मैच की ही भांति अपनी बल्लेबाजी करें और अपने खेल को बढ़ाएं तथा उस के अन्दर इस बात का विश्वास बढ़ जाए कि यह गेंदबाज मेरा दुश्मन है और यह गेंदबाज मुझे आऊट नहीं कर सकता इस प्रकार की बात का विचार आने पर ही बल्लेबाज की बल्लेबाजी में एकाग्रता आती है। जो समय उसको नेट अभ्यास में बल्लेबाजी के लिए दिया जाता है उस समय उसको पूर्ण एकाग्रता और ठीक ढंग से गेंदबाजों की गेंदबाजी को खेलना चाहिए अगर गेंदबाज का गेंद बल्लेबाज की पहुँच (REACH) से बहुत बाहर है (OUT SIDE THE

OFF STUMP) तो इस प्रकार की गेंदों को बगैर छेड़खानी से जाने देना चाहिए अगर गेंद बीच और पाया वाली खूंटी (MIDDLE OR LEG STUMP) की अच्छी दूरी के स्थान के (GOOD LENGTH SPOT) पर गिरता है तो उसको अपनी पहुँच (REACH) के अनुसार गेंद की पंक्ति (LINE) में गेंद की जानकारी करते हुए आगे या पीछे हो कर खेलना चाहिए। इस प्राथमिक नियम से बल्लेबाज अपनी एकाग्रता को प्राप्त करना शुरू करता है। अगर कोच इन बातों को अपने खिलाड़ियों के दिमाग में डालता है तो आप देखेगें कि जो बल्लेबाज पहले अपने मैच में बीस रन ही बना सकता था वो ही बल्लेबाज नेट अभ्यास की दस पंद्रह मिनट की एकाग्रता के साथ बल्लेबाजी के अभ्यास द्वारा अब मैच के अन्दर पचास साठ रन तक बनाने लग जायेगा। अन्त में यह कह सकते हैं कि नेट अभ्यास हो या मैच दोनों प्रकार की खेल के अन्दर बल्लेबाज के लिए एकाग्रता बहुत महत्वपूर्ण है और यह एकाग्रता नेट अभ्यास के खेल से ही प्राप्त की जा सकती है प्रतिदिन का नेट अभ्यास बल्लेबाज की पूर्ण एकाग्रता की आदत बना देता है जिससे कि प्राकृतिक तौर पर ही बल्लेबाज अपनी एकाग्रता का ध्यान रखते हुए अपने खेल का प्रदर्शन करता है क्रिकेट खेल में महानता इस बात की है कि एकाग्रता ही खेल का महान और मुख्य नियम है। यदि किसी बल्लेबाज की एकाग्रता अच्छी है तो वह गेंद को खेलने से पहले गेंद का निर्णय (JUDGEMENT) करता है कि वह उस गेंद को किस ढ़ंग से और कौन से आक्रमण (STROKE) के साथ खेलें। खेलने के साथ ही साथ उसे गेंद (PACE) की गति और उसकी दिशा (DIRECTION) को भी ध्यान में रखना चाहिए। इसी प्रकार से एक गेंदबाज को अपने मुख्य उद्देश्य को ध्यान में रखते हुए गेंद को उस स्थान पर फेंके (PITCH) जहाँ पर कि वह गेंद को फेंकना चाहता है तथा उसका यह कर्त्तव्य भी है कि वो अधिक दौड़े न बनने दें और बल्लेबाज को आऊट भी करें। इसी प्रकार से क्षेत्र रक्षकों (FIELDERS) को भी चाहिए कि वह खेल के मैदान (FIELD) में एकाग्रता से रहें तथा उन्हें क्षेत्र रक्षण (FIELDING) के मुख्य नियमों को अपने ध्यान में रखना चाहिए और विकेट कीपर को भी अपनी

एकाग्रता नहीं खोनी चाहिए तथा विकेट कीपिंग के नियमों को ध्यान में रखना चाहिए।

TIMING: समय

युवक खिलाड़ियों के लिए सब से महत्वपूर्ण बात जानने की यह है कि समय (TIMING) क्या है।

DEFINITION: परिभाषा

पूर्ण एकाग्रता, ठीक पांवों की क्रिया (FOOT WORK) ठीक गेंद की चाल (SWING) या इधर–उधर झुलना और उड़ान (FLIGHT) के गेंद को बल्ले के स्वेच्छानुसार स्थल (SWEET SPOT) के साथ आक्रमण (STROKE) करना जो कि जमीन के साथ लगता हुआ जाए (ALONG THE GROUND) उसे ठीक दिशा में खेलें जहाँ पर की गेंद को खेलने के बाद जाना है इन सभी कार्य प्रणालियों की एकाग्रता ही ठीक समय (TIMING) है।

समय बनाने के लिए बल्लेबाज को शारीरिक, मानसिक, आंखों की देखने की ठीक रोशनी (EYES SIGHT) यांगिक अच्छा या खुबसूरत प्रभावी बल (TECHNICAL EFFECIENCY) वाली कार्य प्रणाली, यह सभी कार्य प्रणालियां एक साथ कार्य करें तो बल्लेबाज का ठीक, समय (TIMING) बन सकता है। युवक खिलाड़ियों को समय के बारे में उत्तम विचार देना और उनको अच्छे खिलाड़ी के खेल के बारे में बताना ही समय (TIMING) के बारे में जानकारी देना है अगर युवकों को ऊपर लिखी कार्य प्रणालियां ठीक से समझ में आ जाती हैं और वह उन्हें एक साथ प्रयोग में लाता है तो वो एक अच्छा खिलाड़ी बन सकता है।

अगर एक अच्छा बल्लेबाज गेंद की गति और उड़ान के बारे में ठीक ज्ञान प्राप्त कर लेता है और उसके पांवों की क्रिया भी ठीक हो गई है तो उसके पांवों की क्रिया ठीक होने से वह गेंद को अच्छे ढ़ंग से खेल कर अपने खेल को और

"यदि भय चला जाए तो घृणा भी न करें।"

भी अच्छा बना (FORM) सकता है। इसके लिए कोच को निम्नलिखित बातें युवक खिलाड़ियों को बतानी चाहिए जिससे कि वह अच्छे बल्लेबाज बन सकें।

1. पांवों की ठीक क्रिया और उस पर ठीक नियंत्रण (CONTROL) करना।

2. VISUAL CONCENTRATION दृष्टि सम्बन्धी एकाग्रता रखनी चाहिए। यह उसे कहते हैं जबकि गेंद को गेंदबाज के हाथ से छूटने से लेकर अन्त तक यानि जब तक कि गेंद पिच करके बल्लेबाज के द्वारा खेला नहीं जाता तब तक सावधानी से पूर्ण रूप से गेंद को देखा जाए।

3. युवक खिलाड़ियों का ठीक समय (TIMING) बनाने के लिए उनके मस्तिष्क में यह बात डालनी चाहिए कि समय (TIMING) बहुत जरूरी है इसके लिए चाहे बल्लेबाज नेट अभ्यास में या मैच में बल्लेबाजी करने जाता है तो उस समय उसको निम्नलिखित बातों का ध्यान रखना चाहिए जैसे– रोशनी की जानकारी (LIGHT) विकेट की गति (PACE) जब बल्लेबाज कुछ ओवर खेलने के बाद विकेट की गति के बारे में और वहाँ की रोशनी में उसको देखने की दृष्टि जम जाए" (EYE SIGHT SET) तो उसे अपने आम गोलंदाजी (SHOTS) खेलने शुरू करने चाहिए।

4. बल्लेबाज के लिए इस बात की जानकारी रखना भी जरूरी है कि वो गेंद को गेंदबाज के आरम्भ करने (START) से लेकर गेंद छोड़ने तक गेंद को अच्छे ढ़ंग से देख कर (WATCH) जिससे कि बल्लेबाज की अपनी क्रिया से जानकारी और एकाग्रता प्रणाली में वृद्धि होती है और साथ ही उसके पांवों की क्रिया भी ठीक होती है यदि बल्लेबाज ओवर पिच गेंद जो कि ऑफ स्टम्प के बाहर की ओर हो और वो उसको आक्रमण (DRIVE) से हाफ कर कवर दिशा में भेजना चाहता है तो ऐसे समय में खास तौर पर मध्य गति के गेंदबाज (MEDIUM PACE BOWLER) को ध्यान पूर्वक देखने के साथ ही साथ गेंद की पंक्ति (LINE) में अपने बल्ले को ठीक ढ़ंग से और पूर्ण शक्ति से घुमाना चाहिए और इसके साथ ही बल्लेबाज का आगे वाला पांव और बल्ले को जहाँ गेंद पिच हो रहा है के नजदीक पंक्ति (LINE) में जाना चाहिए तथा सिर अच्छी तरह झुका (HEAD WELL DOWN) होना चाहिए और जिस स्थान पर उसने गेंद को बल्ले से भिडंत (IMPACT) कस कर दबाना है तब

"विनाश के समय अक्ल उल्टी हो जाती है"

बल्लेबाज का बल्ला गेंद की दिशा से गुजरते हुए बल्ले के स्वेच्छानुसार स्थल (SWEET SPOT) पर लेने के साथ पूर्ण शक्ति से और सुरक्षा के साथ गेंद को खेल कर उसे ठीक दिशा में खेलना चाहिए जहाँ पर की गेंद खेलने के बाद जाना है और गेंद जमीन के साथ–साथ छूता हुआ जाना चाहिए। (ALONG WITH THE GROUND COVER REGION) ऐसी प्रणाली से बल्लेबाज की गोलंदाजी पूर्ण शक्ति (SHOT POWER FULL) वाली और ठीक समय के साथ होगी।

5. इसके अतिरिक्त एकाएक आक्रमण (STROKE) के अन्दर ठीक समय (TIMING) लाने के लिए बल्लेबाज को शरीर की दिशा (DIRECTION) का कार्य और सहयोग्यता पूर्ण कार्य शत प्रतिशत (100%) ठीक रूप से करना चाहिए।

अनुभव से यह ज्ञात होता है कि युवक खिलाड़ियों के लिए परिश्रम और लगातार अभ्यास से कार्य करना बहुत आवश्यक कार्य है अगर युवक खिलाड़ी गेंद की गति और उड़ान (FLIGHT) के बारे में ठीक से नहीं देखता या जांचता तथा गेंदबाज के हाथ कि क्रिया (आरम्भ से अन्त तक) को ठीक से नहीं देखता तो उसे चाहे पांवों की क्रिया, एकाग्रता और खेल के बारे में पूर्ण जानकारी हो तब भी वो अपने समय (TIMING) को ठीक नहीं कर पाता और न ही गेंद को ठीक प्रकार से खेल सकता है। उसे गेंदबाज के गेंद को खेलने के लिए निर्णय और जांचने की विधि (JUDGEMENT AND INVESTIGATION OF THE BALL) ठीक ढंग से आनी चाहिए।

"अपने दोष को ढूँढ़ निकालना ज्ञानवीरों का काम है"

CHARACTER AND PHYSICAL FITNESS IN "CRICKET"-

क्रिकेट में शारीरिक–क्षमता और चरित्र की योग्यता

क्रिकेट खेल को खेलने के लिए मानसिक, शारीरिक और आंखों की अच्छी दृष्टि (रोशनी) का होना बहुत जरूरी है। क्रिकेटरों को अपनी खेल की योग्यता के साथ–साथ शत प्रतिशत इन गुणों में भी निपूर्ण होना चाहिए। जिस प्रकार मनुष्य को अच्छे ढ़ंग से जीवन चलाने के लिए उसका आशावादी, हर प्रकार के सुख और चरित्र की योग्यता चाहिए ठीक उसी प्रकार क्रिकेट खेल के अन्दर अगर क्रिकेटर स्वच्छ मस्तिष्क और एकाग्रता के साथ खेले तो वह एक अच्छा खिलाड़ी बन सकता है। दूसरे खेलों की भांति इस खेल के अन्दर भी कप्तान और प्रशिक्षक का कार्य होता है। अगर कप्तान स्वार्थी भावना को लेकर खिलाड़ियों को खिलाता है तो खिलाड़ियों के चरित्र का निर्माण ठीक नहीं हो सकता।

प्रशिक्षक को जो भी कठिनाईया सामने आए उन्हें अपनी योग्यता, बहादुरी और खुशी से खेल का प्रशिक्षण नये–नये ढ़ंगों द्वारा देना चाहिए। कोई भी प्रशिक्षक अगर यह इच्छा रखता है कि उसके शिष्य उच्च पद्वी पर पहुँचे तो उसको सबसे पहले स्वयं अपनी शारीरिक, मानसिक और नैतिक दृष्टि से बलवान होना चाहिए इसके साथ–साथ उसको अनुशासन को ठीक रखने के लिए, हर समय खतरा मोल लेने के लिए हर घड़ी तत्पर रहना चाहिए तथा अपनी टीम को ऊपर उठाने के लिए और खेल में बिना किसी गलत भावना से आई हुई मुश्किलों को दूर करने के लिए अपनी एकाग्रता को खोए बिना, पूर्ण योग्यता, पूर्ण उत्साह और पूर्ण मानसिक विश्वास के साथ खेल में रूचि पैदा करने के लिए तथा आई हुई सामने हार का मुकाबला करने के लिए पूर्ण विश्वास और उत्साह से खेल को खेलना चाहिए उसका यही प्रयत्न होना चाहिए कि खेल में रूचि बने चाहे खेल का रूख उसके विपरीत ही क्यों न जा रहा हो। एक अच्छा प्रशिक्षक तभी अच्छा प्रशिक्षण दे सकता है अगर वो इन नियमों का पालन पूर्णरूप से कर सकें।

क्रिकेट खेल के अन्दर व्यक्तिगत प्रदर्शन अधिक है फिर भी खेल के अन्दर खिलाड़ी को टीम के साथ एक साथ कार्य (TEAM WORK) अधिक करना पड़ता है इसके लिए, उसमें मानवीय गुण होना बहुत जरूरी है जैसे अस्वार्थ

''वे कितने गरीब हैं, जिनके पास धैर्य नहीं है''

नन्हें क्रिकेटरों को संवार रही है भोपाल स्पोर्ट्स अकादमी

भोपाल (खे.प्र.)। शिवाजी नगर में कोठारी काम्पलेक्स के पीछे स्थित एक छोटे से गड्ढेनुमा मैदान में सुबह 6.30 बजे से नन्हें-नन्हें बच्चों की सफेद पोशाक की टोली क्रिकेट का प्रशिक्षण प्राप्त करती देखी जा सकती है। भोपाल स्पोर्ट्स अकादमी के नाम से परिचित इस क्रिकेट प्रशिक्षण संस्था को अशोक चौ के निर्माता राजेश गुप्ता का पूरा संरक्षण प्राप्त है। राजेश गुप्ता जो इस अकादमी के अध्यक्ष भी हैं का कहना है कि वे भोपाल के होनहार क्रिकेट खिलाड़ियों की प्रतिभा को उजागर करने के लिए जो भी संभव सहायता हो सकेगी करेंगे।

इस अकादमी में सीमेंट से बनी पिच और नेट से कवर्ड पिच पर राजधानी के आई.पी.एस. अधिकारी भी रोजाना खेलते दिखाई देते हैं। इनमें भोपाल केंडी.आय.जी. यशोवर्द्धन आजाद, सुरेन्द्र सिंह तथा के.सी. वर्मा (सीआईडी. एसपी.) प्रमुख है इतना ही नहीं उक्त तीनों क्रिकेट प्रेमी अधिकारी छोटे-छोटे बच्चों को क्रिकेट के गुर भी सिखाते रहते हैं। खेलते देखकर अपना पूरा ध्यान खेल पर लगाने का प्रयत्न करती है। सबसे बड़ी खासियत इस अकादमी की यह है कि इस अकादमी के तकनीकी निदेशक म.प्र. के शानदार तथा अनुभवी प्रशिक्षकों में से एक श्री गोकुल सिंह पठानिया हैं।

श्री पठानिया द्वारा तैयार किए गए खिलाड़ियों में से जे.पी. यादव, म.प्र. रणजी टीम के उद्घाटक बल्लेबाज हैं भेल के मोहसिन हसन नेशनल कैम्प में हैदराबाद में प्रशिक्षण प्राप्त कर रहे हैं तथा भेल के ही नरेन्द्र गजाम का चयन प्रेस अकादमी ग्वालियर के लिए हुआ है। भोपाल स्पोर्ट्स अकादमी के अध्यक्ष राजेश गुप्ता ने आगे बताया कि इस अकादमी में 19 वर्ष से कम आयु के करीब 30 बच्चे प्रशिक्षण के बाद इनमें से उत्कृष्ट बच्चों की छंटनी की जाएगी। श्री गुप्ता ने कहा कि इस अकादमी में सीमित बच्चों को ही प्रवेश दिया जाएगा ताकि उत्कृष्ट खिलाड़ियों को क्रिकेट सिखाने में सुविधा हो सके।

RCC (Pathania) win Sanjay cricket

by Our Sport Correspondent

BHOPAL, Dec 28: The local Regional Cricket Club (RCC-Pathania) has won the third Sanjay Hardenia Memorial Cricket Tournament played at Piparia, according to message received here today.

In the final RCC defeated Shukla Club of Bhopal by 46 runs. The winners were awarded Rs 2001/- alongwith the trophy while the runners up received Rs 1001/- togetherwith the trophy.

Put in to bat RCC scored 194 runs in 39.2 overs Captain Mahendra Satokar with a sparkling 94 was the top scorer, with eight hits to the fence, after his team was tottering at 32 for three wickets. The other main scorer was Manjul Ahmed with 30.

For Shukla Club Maneesh Agnihotri and Iqbal Siddiqui chipped in three wickets each for 19 and 30 runs respectively. Purushottam Daryani took two wickets for 23 runs.

In reply Shukla Club folded at 148 to lose the match by 46 runs. The main scorers for the team were Iqbal Siddiqui (33), Shailesh Shukla (30) and Maneesh Shukla (20).

The wicket takers for RCC were Maneesh Agarwal (3/25), Manjul (3/12) and Arun Joshi (2/45) and DS Chauhan (1/14).

Satokar was declared man of the match and best batsman, Manjul Ahmed best all rounder, best bowler DS Chauhan (all of RCC) while best wicket keeper award went to Arif Khan of Shukla Club. Registrar of MP High Court HD Mishra, who was the chief guest, distributed prizes to the winners and runners-up. In all 12 teams took part in the tournament.

Knock-out rounds for Bhopal distt soccer from today

BHOPAL, Dec 28 Knock-out rounds of Bhopal District football league-91 will begin at Lal Parade ground from 29.12.91 with a match between MP Civil Services team and Madan Maharaj Club team at 1 PM.

Scheduled second match between MP Police and Azza Club teams has been postponed due to non arrival of MP Police team to Dec 31 at 2.30 PM. The semi-final match fixed for play on Dec 31 will not be played on January 2, 1992.

BUNDABERG, Australia, Dec 28 (AP): The West Indies cricket team will continue to search for the form that has eluded it down under when it faces a Queensland State team in a one-day match tomorrow.

The West Indies is using a series of one-day matches against State teams in a bid to regain form before the Triangular World Series Cup competition resumes in mid January.

The West Indies is winless in four matches in the World Series Cup and trails Australia and India.

Team manager Deryck Murray said Saturday that there was "Plenty of time" for the Caribbean cricketers to play themselves back into form.

"We know what the potential of the team is, so it is a matter of turning that potential into performance," Murray said.

"We have got to make every one of these games count." Murray said the West Indies was relying on captain Richie Richardson to lead the recovery.

"He is a match-winner and has proved himself one of the best batsmen in the world, so we expect it to be just a matter of time," Murray said.

He hasn't got runs in the past few innings "But that doesn't necessarily mean he is out of form."

The West Indies holds a 1-0 lead over the Queensland XI in a three-match series.

Thevictorious cricket team RCC (Pathania) with their coach Pathania and Sports Directorate officials Joshi and Ramkirpal Sharma. The RCC team won Sanjay Hardenia memorial circket tournament held at Piparia

Lilaram Bhojwani, Minister of State for Labour, distributing prizes of the double-wicket competition organised by RCCC (Pathania) here on Tuesday at TT Nagar Stadium. Mail photo by RC Sahu.

Bhojwani praises RCC Centre activities

by Our Sports Correspondent

Rain delays start of women's

भेल खेल परिसर में प्रशिक्षण शिविर का अवलोकन

आर.सी.सी. द्वारा क्रिकेट मेले का आयोजन

(खेल प्रतिनिधि द्वारा)

भोपाल। गत दिनों यहां टी. टी. नगर स्टेडियम पर रीजनल कोचिंग सेन्टर द्वारा आयोजित क्रिकेट प्रतियोगिता का शुभारंभ महापौर श्री मधु गार्गव द्वारा किया गया। इस प्रतियोगिता में जिसका संयोजन स्वयं आर. सी. सी. के प्रशिक्षक श्री जी. एस. पठानियां द्वारा किया गया है, राजधानी की अनेक प्रतिष्ठित टीमें भाग ले रही हैं।

अंतर्राष्ट्रीय एक दिवसीय मैच नियमों के अंतर्गत ३० सीमित ओवरों की इस प्रतियोगिता में अभी तक जो मैच खेले गये उनके परिणाम इस प्रकार हैं;

सीनियर वर्ग में आर. सी. सी (ग्रीन) भोपाल ने बी. एच. इ. एल. (बी) को एक विकेट से हराया। डी. एस. संधू इस मैच के "मैन आफ द मैच" रहे, इन्होंने दो विकेट लिये और ३७ रन का योगदान दिया।

बी. एच. ई. एल (बी) ने अपने निर्धारित ओवरों में १४५ रन बनाये। जवाब में आर. सी. सी. (ग्रीन) ने २९.४ ओवरों में आवश्यक रन बनाकर एक विकेट से विजय हासिल की।

जूनियर वर्ग के पहले मैच में आर. सी. सी. (फ्रेण्ड्स) ने राजभवन की टीम को ७ विकेट से हराया। राज भवन की टीम ने १८ ओवरों में अपने सभी खिलाड़ी खोकर ७३ रन बनाये। इसके जवाब में आर. सी. सी. (फ्रेण्ड्स) ने ३ विकेट खोकर अपना लक्ष्य पूरा किया। इस मैच में प्रदीप अग्रवाल "मैन आफ द मैच" रहे, इन्होंने अविजित रह कर ३८ रन का योगदान दिया।

जूनियर वर्ग में दूसरा मैच (सन ऑफ) आर. सी. सी. और आर. सी. सी. (ए) के मध्य खेला गया। जिसमें (सन ऑफ) आर. सी. सी. ने अपने निर्धारित ओवरों में १२० रन ८ विकेट खोकर बनाये। इसके जवाब में आर. सी. सी. (ए) मात्र ४६ रन बना पाई। इस प्रकार से (सन ऑफ) आर. सी. सी. ७४ रन से विजयी रही।

इस मैच में (सन ऑफ) आर. सी. सी. के तुषार शिन्दे "मैन आफ द मैच" रहे इन्होंने ३ विकेट लिये, और १९ रन का योगदान दिया।

जूनियर वर्ग में आर. सी. सी. (प्रतीक) विरूद्ध बी एच इ एल के मध्य खेले गये मैच में बी.एच.इ.एल.(बी) ने अपने निर्धारित ओवरों में १११ रन बनाये। जिसके जवाब में आर. सी. सी. (प्रतीक) ७८ बना पाई। भेल इस मैच में ३३ रनों से विजेता रही। दूसरा जूनियर वर्ग मैच आर. सी. सी. विरूद्ध बी.एच.ई.एल के मध्य खेला गया जिसमें आर. सी. सी. (विजय) ने ४८ रन बनाये और जवाब में बी.एच.ई.एल ने ५० रन बनाये और विजेता रहे।

सीनियर वर्ग में पहला मैच एल.सी.सी. तथा स्टूडेंट्स क्लब के मध्य खेला गया जिसमें एल.सी.सी. ने अपने निर्धारित ३० ओवरों में १९६ रन बनाये जिसमें आलोक ने ५० और एम नाहार ४९ रनों का योगदान दिया। जवाब में स्टूडेंट्स क्लब केवल ६० बना पाई और एल.सी.सी. ने १३६ रनों से मैच जीत लिया। सीनियर वर्ग में दूसरा मैच पंजाबी बाग क्लब तथा बी.आई.सी.सी.क्लब के मध्य खेला गया जिसमें बी आई.सी.सी.१११ रन और पंजाबी क्रिकेट क्लब केवल मात्र ४७ रन बनाये बी.आई.सी.सी. ६४ रनों से विजेता रही।

आज सीनियर वर्ग में यूथ क्रिकेट क्लब तथा पावर क्रिकेट क्लब के मध्य खेला गया जिसमें पावर क्रिकेट क्लब ने अपने सभी खिलाड़ी खोकर ८५ रन बनाये, जवाब में यूथ क्लब ने अपना मात्र १ खिलाड़ी खोकर ८७ रन बनाकर ९ विकेट से विजय हासिल की। यूथ क्लब के सफल बल्लेबाज सोलंकी ने ४२ रन बनाये।

सीनियर वर्ग में दूसरा मैच आर.सी.सी. (तरंग) तथ कमल क्रिकेट क्लब के मध्य खेला गया, जिसमें कमल क्रिकेट क्लब ने अपने सभी खिलाड़ी खोकर १२० रन बनाये। जवाब में आर.सी.सी तरंग ने मात्र ३ विकेट खोकर १२१ रन बनाकर ७ विकेट से विजय हासिल की। विभूति चौधरी ने ३०, और रियाज कुरैशी ने २५ रनों का योगदान दिया। आर.सी.सी.की ओर से मिलिंद बोपट सबसे सफल गेंदबाज रहे जिन्होंने मात्र १९ रन देकर चार विकेट लिये। कमल क्रिकेट क्लब की ओर से प्रदीप ने ३४ रन बनाये।

प्रत्याशियों के लियेमतदान की अपील करेंगी। 25.12.79

डबल विकेट क्रिकेट प्रति: आगामी अट्ठाइस दिस.से

भोपाल २४ दिस.। आगामी २८ दिसम्बर से प्रदेश में पहली बार डबल विकेट क्रिकेट टूर्नामेंट भोपाल में होने जा रहा है। इसका आयोजन मध्यप्रदेश स्पोर्टस् काउन्सिल के एन आई. एस. कोच श्री जी. एस. पैठा-निया द्वारा किया जा रहा है। रुचि रखने वाले खिलाड़ी २६ दिसम्बर को शाम चार बजे तक श्री नवल किशोर दुबे को चार रुपये प्रवेश शुल्क दे प्रवेशपा सकते हैं।

—श्री हसनात सिद्दिकी के मुख्य आतिथ्य में स्वर्गीय प्रो. गुबेर मेमो-रियल क्रिकेट प्रतियोगिता आजप्रात: दस बजे प्रारम्भ होने जा रही है।

यदि भला नहीं कर सकीं तो बुरा भी नहीं किया।

डबल विकेट क्रिकेट प्रतियोगिता

भोपाल। हाकी कोच श्री पठानिया ने आज यहां एक वक्तव्य मे कहा है कि नगर में डबल विकेट क्रिकेट प्रतियोगिता का आयोजन आगामी १२ जनवरी १९८० से टी० टी० नगर मे एन. आई. एस. क्रिकेट काच के नेतृत्व में किया गया है। यह प्रतियोगिता प्रथम ार आयोजित की गई है। इस प्रतियोगिता में प्रवेश के लिए टी० टी० नगर स्टेडियम पर श्री नवल किशोर दुबे से ९-१-८० के पूर्व सम्पर्क किया जा सकता ले है।

क्रिकेट प्रशिक्षक पठानिया का सम्मान किया जायेगा

1-6-95

विदिशा (का.). आगामी 4 जून से शुरू हो रहे ग्रीष्म कालीन क्रिकेट प्रशिक्षण शिविर के शुभारंभ समारोह में भोपाल संभाग के वरिष्ठ क्रिकेट प्रशिक्षक जी.एस.पठानिया मुख्य अतिथि के रूप में भाग लेंगे. यह शिविर कनारा क्रिकेट प्रशिक्षण केंद्र तथा जिला खेलकूद विभाग के संयुक्त तत्वावधान में आयोजित किया जा रहा है.

इस अवसर पर संस्था द्वारा श्री पठानिया को उनकी क्रिकेट के क्षेत्र में विशिष्ट सेवाओं के लिये सम्मानित भी किया जायेगा. उक्त जानकारी देते हुये कनारा क्रिकेट प्रशिक्षण केंद्र के नव नियुक्त संयोजक डा. मनोज दातार ने बताया कि संभवत: यह पहला मौका है.

जब श्री पठानिया किसी कार्यक्रम में भाग लेने विदिशा आ रहे हैं. उन्होंने बताया कि श्री पठानिया भोपाल के एक ऐसे वरिष्ठ एवं संवेदनशील प्रशिक्षक हैं जिन्होंने हाकी की नर्सरी कहे जाने वाले शहर में क्रिकेट को न केवल लोकप्रिय बनाया बल्कि उसे एक स्तर भी प्रदान किया. उनके सिखाये हुये अनेक खिलाड़ियों ने राष्ट्रीय एवं राज्य स्तर की टीमों का प्रतिनिधित्व किया है.

श्री दातार ने बताया कि इस वर्ष प्रशिक्षण हेतु विशेष तौर से टर्फ विकेट एवं सीमेंट गेंद पट्टी का निर्माण किया गया है. उक्त आयोजन के संचालन हेतु एक प्रबंध समिति का भी गठन किया गया है, जिसमें नन्नूलाल दुबे, शेख सलीम, राजेश वर्मा, राजेन्द्र सोनी, आशुतोष दातार तथा राकेश यादव को शामिल किया गया है. (चित्र)

क्रिकेट गुरू पठानिया सम्मानित होंगे

भोपाल 28 मार्च। राजधानी भोपाल को कई राष्ट्रीय व अंतरराष्ट्रीय क्रिकेटर दे चुके प्रशिक्षक जीएस पठानिया 30 मार्च को सम्मानित होंगे। ओल्ड कैंपियन मैदान पर श्री पठानिया द्वारा प्रशिक्षित खिलाड़ी इसी दिन एक प्रदर्शन मैच खेलेंगे जो 35-35 ओवर का होगा। तत्पश्चात एक सम्मान समारोह आयोजित किया जाएगा जिसमें श्री पठानिया को सम्मानित किया जाएगा। समारोह में पूर्व रणजी खिलाड़ी प्रदीप गरुड़ और रमेश मातोंकर को भी सम्मानित किया जाएगा। कार्यक्रम के विशेष अतिथि मप्र आवास संघ के उपाध्यक्ष अरुणेश्वर सिंहदेव होंगे। जबकि विशेष अतिथि के रूप वीएनएस के चेयरमैन संजय पांडे उपस्थित रहेंगे। उल्लेखनीय है कि श्री पठानिया वर्ष 77 से राजधानी में क्रिकेट खिलाड़ियों को प्रशिक्षण दे रहे हैं और उनके प्रशिक्षण वाले कई खिलाड़ी रणजी टूर्नामेंट खेल चुके हैं। जिनमें प्रदीप गरुड़, रमेश मातोंकर, मोहसिन अंसारी, मटि मातोंकर, दिलीप अवस्थी, राजकुमार दरियानी, हर पांडे, स्व. मनोज अग्निहोत्री विशेष रूप से शामिल हैं।

4.1.79

विगत दिवस प्रसिद्ध पहलवानों के भोपाल आगमन के अवसर पर लिये गए एक चित्र में कुर्सी पर बैठे हुए दिखाई दे रहे है सर्वश्री इन्द्रपाल सिंह (दारासिंह के सेक्रेटरी) के० के० भट्ट (स्पोर्टस आफीसर) सरदार मनोज सिंह हिल्लो रूस्तमे हिन्द रंधावा, रूस्तमे जमा दारासिंह एस० पठानिया (क्रिकेट कोच) और रेफरी बलराज। पीछे क्रिकेट टीम के सदस्य खड़े हुए हैं।

भावना, सहनशीलता, बुद्धिमता और शारीरिक योग्यता इन सभी बातों के विषय में आस्ट्रेलिया के महान खिलाड़ी कीथ मिलर जो कि अपने समय के सबसे प्रसिद्ध आल राउण्डर हुए हैं अपनी किताब हाउ टू प्ले विनिंग क्रिकेट (HOW TO PLAY WINING CRICKET) में कहा है कि क्रिकेट खेल में सफलता तभी प्राप्त की जा सकती है जब उसमें ठीक ढ़ंग अपनाया जाए तथा खेल खेलते समय आरम्भ से अन्त तक एक ही व्यवहार में खेल को खेला जाए। जब कभी अवसर मिले उसी समय विरोधी टीम को दबा लिया जाए या दबाने की कोशिश की जाए उसी से ही खेल में रूचि पैदा होती है अन्त में कीथ मिलर ने अपनी किताब में खिलाड़ी की शारीरिक क्षमता के लिए प्रतिरक्षा (FIELDING) का प्रदर्शन करवाने के लिए कहा है कि प्रशिक्षक (COACH) को अच्छी प्रतिरक्षा (FIELDING) का गुण तथा उसका ठीक प्रयोग (या अभ्यास) अपने खिलाड़ियों से करवाना चाहिए जिससे कि खिलाड़ी अच्छा प्रदर्शन करें। और उसे इस बात का ध्यान भी रखना चाहिए कि खिलाड़ी पूर्णरूप से सक्षम है या नहीं।

बल्लेबाजी और गेंदबाजी से भी अधिक महत्वपूर्ण फिल्डिंग है और फिल्डिंग के द्वारा ही खिलाड़ी शत प्रतिशत सक्षम रहता है अधिक तौर पर यह देखा जाता है कि फिल्डिंग जैसा महत्वपूर्ण कार्य कोच और उसके खिलाड़ियों द्वारा नेट अभ्यास में छोड़ दिया जाता है और केवल बल्लेबाजी और गेंदबाजी को ही प्राथमिकता दी जाती है। एक अच्छे प्रशिक्षक को चाहिए कि खेल शुरू करने से पहले खिलाड़ियों को फिल्डिंग का अभ्यास दें जिससे कि मास पेशियों के बढ़ने के साथ–साथ खिलाड़ी के अन्दर शारीरिक क्षमता और उसके साथ–साथ खेल की एकाग्रता भी बढ़े। जब क्रिकेट खेल का मौसम न हो तब क्रिकेटरों को शारीरिक क्षमता बनाये रखने के लिए दूसरे परिश्रम खेल खेलने चाहिए जैसा कि बैडमिंटन, फुटबाल जिससे कि शारीरिक क्षमता बनी रहे।

अधिक तौर पर यह देखने में आता है कि स्कूलों की क्रिकेट से लेकर टेस्ट क्रिकेट तक बहुत कम अभ्यास फिल्डिंग का करवाया जाता है खिलाड़ी केवल बल्लेबाजी और गेंदबाजी ही करना चाहते हैं। और इन दोनों क्रियाओं के अलावा आपसी बातचीत या आपसी गठजोड़ की ओर अधिक ध्यान दिया जाता है लेकिन प्रशिक्षक को चाहिए कि पूर्ण एकाग्रता के साथ नेट अभ्यास शुरू होने

से पहले या समाप्त होने के बाद पूर्ण एकाग्रता के साथ फिल्डिंग अभ्यास को करवायें। यह सच है कि जो अच्छा फिल्डर नहीं बनना चाहता उसे अच्छा खिलाड़ी कहलाने का भी कोई हक नहीं।

इस विषय को समाप्त करने से पहले हमें वह सुनहरा वाक्य याद रखना चाहिए जो कि हमें हमारे स्व0 प्रधानमंत्री पं0 जवाहर लाल नेहरू जी ने 1961–62 में भारतीय दौरे पर आई एम.सी.सी. क्रिकेट टीम के उपलक्ष में कहा था जो हर खेल के खिलाड़ी के लिए आवश्यक है उन्होंने कहा था ''क्रिकेट शब्द मेरे पास अंग्रेजी भाषा के द्वारा आया है जिसका अर्थ है कि अच्छा खिलाड़ी और अच्छा खेल जैसा कि क्रिकेट खेल के अन्दर योग्यता के साथ हारे हुए खेल को भी जीता जा सकता है उसी प्रकार हर खेल में भी ऐसी ही कोशिश होनी चाहिए। क्रिकेट शब्द हमें उच्च खेल की पद्धति बताता है जिससे न कि अच्छे खेल का प्रदर्शन होता है परन्तु अच्छे खिलाड़ी की योग्यता का भी पता चलता है। हमें इस पद्धति को ऊँचा रखने के लिए खेल या खिलाड़ी जीवन को क्रिकेट की पद्धति के साथ उच्च भावना से क्रिकेट शब्द का आदर करना चाहिए।

''यश का मार्ग स्वर्ग के समान कष्टमय है''

ART OF COACHING
कोचिंग देने की कला

युवक बल्लेबाजों के लिए सब से पहले उनकी बल्लेबाजी को सक्षम बनाना चाहिए। उनके प्रशिक्षक के लिए आवश्यक है कि युवक खिलाड़ी को जो भी कार्य प्रणाली कठिन लगती है और युवक उसको गलत ढ़ंग से करता है तो युवक को ठीक ढ़ंग से प्रशिक्षण, प्रयोग द्वारा अभ्यास करवाये तभी युवा खिलाड़ी अपनी गलत कार्य प्रणाली को ठीक कर सकता है। प्रशिक्षक के लिए यह अनिवार्य हे कि वह अपने युवा खिलाड़ियों को उस कठिन कार्य प्रणाली जिसे वो गलत करते हैं उसके बारे में प्रशिक्षण दें और उसे किस ढ़ंग से ठीक प्रकार खेलना है बताना चाहिए तभी युवक खिलाड़ी अपने परिश्रम से कार्य प्रणाली को ठीक कर सकते हैं। प्रशिक्षक की सबसे अच्छी योग्ता धीरज रखना, धीरज से कार्य करना व करवाना, ठीक कार्य प्रणाली से कार्य करना और अपनी जानकारी और अनुभव तथा अपनी योग्यता के द्वारा कार्य प्रणाली का सुधार करवाना है।

ब्रैडमैन जैसे बड़े–बड़े खिलाड़ियों ने भी अपने एकाएक आक्रमण (STROKES) को बड़ी धीरजता के साथ और अभ्यास के साथ ही सुधारा है इन्हीं बातों से पता चलता है कि प्रशिक्षक को अपने कार्य को परिश्रम के साथ करना चाहिएं एवं अच्छा प्रशिक्षक युवक के मैदानी कार्य (GROUND WORK) में तभी सुधार कर सकता है जबकि वो युवक की खेल को आरम्भ से लेकर अन्त तक (STANCE TO FALLOW THROW) ठीक प्रकार से जानकारी रखते हुए देखें और जहाँ पर युवक गलत प्रणाली का प्रयोग करता है उसी समय उसकी प्रणाली में सुधार करें। इसके अतिरिक्त शुरूआत (FUNDAMENTAL) जो है जैसे कि पकड़ (GRIP) या कसकर पकड़ना संतुलन (STANCE) खड़े होने का ढ़ंग, पीछे उठाना (BACK LIFT) का सुधार करें अगर यह सब शुरूआत (FUNDAMENTAL) एक खिलाड़ी ठीक है तो युवक बल्लेबाज अपने यकीन एवं आक्रमण (STROKES) को

"घायल तो यहां हर परिंदा है। मगर जो फिर से उड़ सका वही जिंदा है"

अच्छे ढंग से खेल सकता है लेकिन यह तभी ठीक होगा जब कि बल्लेबाज का ठीक फालोथ्रू (FALLOW THROW) और गेंद खेलने के बाद जहाँ गेंद ने पहुँचना है (IMPET) वहाँ पहुँचने तक ठीक वेग में हो तभी प्रशिक्षक को आगे के बारे में युवक को बताना चाहिए। जैसा कि कन्धा (SHOULDER), सिर (HEAD), आंखें (EYES) शरीर का बराबर या संतुलन वजन (BALANCE BODY WEIGHT) और शरीर के वजन का बदलना इत्यादि यह सभी बहुत महत्वपूर्ण बाते हैं अगर प्रशिक्षक अच्छे ढ़ंग से शुरूआत में करवा दें तो वह एक अच्छा बल्लेबाज पैदा कर सकता है।

THE PRACTICE - KEEP ON TRYING: बार–बार अभ्यास देना

प्रशिक्षक के लिए यह नियम महत्वपूर्ण है कि उपरोक्त बातों के अतिरिक्त एकाग्रता और बार–बार अच्छा अभ्यास करवाना युवक खिलाड़ियों को अच्छा बल्लेबाज बनाने में सहायक सिद्ध होता है।

COACHING IN GENERAL: बहुप्रचलित प्रशिक्षण

प्रशिक्षक युवक खिलाड़ियों को प्रशिक्षण देते समय अपने ज्ञान और अनुभव के साथ–साथ उन आधुनिक पाठ्य पुस्तकों (TEXT BOOKS) के साथ–साथ युवकों को खेलते हुए क्रिकेटरों की तस्वीरों के द्वारा भी प्रशिक्षण दे सकता है प्रशिक्षक को इस बात का ध्यान रखना चाहिए कि पढ़ाते समय अपने ज्ञान और अनुभव को छोड़ कर इधर–उधर की बातों में न खो जाए। प्रशिक्षक को अपनी जानकारी, पढ़ाने और सिखाने के ढ़ंग को इस प्रकार से बनाना चाहिए कि युवकों की आयु के अनुसार उनके अलग–अलग झुण्ड (GROUP) हो। युवकों की आयु के साथ–साथ युवकों की ऊँचाई (HEIGHT) और वजन (WEIGHT) के बारे में भी जानकारी रखना बहुत जरूरी है। जिस प्रकार से आगे बढ़ कर खेलने (FORWAD PLAY) की क्रिया को करना लम्बे/ऊँचाई वाले खिलाड़ियों के लिए प्राकृतिक देन है ठीक उसी प्रकार से छोटी ऊँचाई वाले खिलाड़ियों के लिए यह आवश्यक है कि वह बैटिंग क्रीज

का प्रयोग करते हुए मैदानी गोलंदाजी (GROUND SHOTS) अधिक अच्छे ढ़ंग से खेल सकते हैं। क्योंकि उनकी पहुँच (REACH) स्थिर रहती है।

जब तक प्रशिक्षक युवकों को परिश्रम और जानकारी के साथ–साथ अगर उनका उत्साह नहीं बढ़ाता तब तक युवक ठीक ढंग से उन्नति नहीं कर पाता चाहे वो कितना भी परिश्रम क्यों न करें। प्रशिक्षक अगर अपनी जानकारी और अनुभव के द्वारा उनका उत्साह नहीं बढ़ाता तो युवक अपना उत्साह छोड़कर गलत खेल खेलने की उन्नति करता है। इसलिए यह आवश्यक है कि प्रशिक्षक युवकों के उत्साह को बढ़ाएं। क्योंकि हर एक व्यक्ति जन्म से एक ही जैसे विचार और एक ही जैसा परिश्रम करने वाले नहीं होते इसलिए प्रशिक्षक को निम्नलिखित बातें उनको बतानी चाहिए।

1. प्रशिक्षक का कर्त्तव्य है कि खेल की पूर्ण जानकारी और उसके नियमों के बारे में ज्ञान दे।
2. खेल के इतिहास के साथ–साथ अच्छे खिलाड़ियों की जानकारी देनी चाहिए।
3. खेलने के साथ–साथ अच्छी किताबें पुरानी हो या नई पढ़ानी चाहिए तथा फोटो या तस्वीरें भी दिखाना आवश्यक है।
4. पुराने रिकार्डों की जानकारी देनी चाहिए।
5. अच्छे खिलाड़ियों को खेलते हुए उनका खेल दिखाएं इस प्रकार से युवकों की खेल में उन्नति होगी।

GROUP COACHING: झुण्ड प्रशिक्षण

प्रशिक्षक का यह कर्त्तव्य है कि जब वह झुण्ड प्रशिक्षण दें तब इस बात का ध्यान रखें कि उसका प्रशिक्षण समय (PERIOD), स्तर (STANDARD) कमजोर नहीं होना चाहिए। प्रशिक्षक का उत्साह, भावना और सहनशीलता पर ही झुण्ड प्रशिक्षण की सफलता निर्भर करती है। अधिक तौर पर यह देखने में आता है कि जब युवक खेल की शुरूआत करता है तभी अगर उसका उत्साह या लगाव किसी कारण से कम हो जाता है तो वह खेल खेलना छोड़ देता है इसलिए जो समय झुण्ड प्रशिक्षण का हो उसमें पूर्ण उत्साह के साथ युवकों को खेल के प्राथमिक नियमों का बताना बहुत जरूरी है। यह तभी सम्भव है जबकि

प्रशिक्षक और युवकों में पूर्ण उत्साह हो। प्राथमिक शिक्षा के लिए प्रतिदिन के अभ्यास का होना बहुत जरूरी है। यह तभी सम्भव है जबकि प्रशिक्षक और युवकों में पूर्ण उत्साह हो। प्राथमिक शिक्षा के लिए प्रतिदिन के अभ्यास का होना बहुत जरुरी है। प्रतिदिन का अभ्यास अगर पूर्ण एकाग्रता के साथ और पूरी देख–भाल के साथ किया जाए तो कोई शक नहीं कि इससे न केवल युवक के खेल की उन्नति होती है बल्कि युवकों को खेलते समय खुशी भी होती है। प्रशिक्षक को सभी युवकों को समझ कर उनके साथ एक जैसा व्यवहार और उनकी प्राकृतिक योग्यताओं के साथ–साथ खेल की योग्यता को बढ़ाना चाहिए।

प्रशिक्षक का सबसे महत्वपूर्ण कर्त्तव्य यह है कि वे अपनी प्रशिक्षण शिक्षा देते समय व्यक्तिगत को सामने न लाते हुए सम्पूर्ण झुण्ड का ध्यान रखें और प्रशिक्षण शिक्षा देते समय प्रत्येक युवक से खेल के प्राथमिक नियमों का पूर्णरूप से प्रयोग करवाये चाहे वह भाग बल्लेबाजी, गेंदबाजी या फिल्डिंग का ही क्यों न हो। खेल के प्राथमिक नियम बताते समय सम्पूर्ण झुण्ड को खेल के सभी नये ढ़ंग जैसे कि दोनों विकेटों के बीच भागना, लपकना (CATCH), फेंकना (THROW) तथा एकाग्रता के साथ फिल्डिंग करना इत्यादि झुंड प्रशिक्षण में हर विभाग में खेल की जानकारी दे सकता है। खेल में रूचि उत्पन्न करने के लिए प्रशिक्षक को युवकों से प्रश्न पूछने चाहिए। जिन प्रश्नों का युवक अगर उत्तर गलत देते हैं तो उनको ठीक उत्तर सही ढंग से बताना चाहिए। तथा आवश्यकता पड़ने पर खेल का प्रदर्शन भी करके बताना चाहिए इसके अतिरिक्त प्रशिक्षक को भिन्न–भिन्न प्रकार की गेंदबाजी, बल्लेबाजी और फिल्डिंग के बारे में पूर्णरूप से बताना चाहिए इससे युवक प्रशिक्षण के समय में इन सभी बातों को ध्यान में रख लेता है जिससे उसकी खेल के प्रति रूचि भी बढ़ जाती है। प्रशिक्षक का प्रशिक्षण समय–समय के अनुसार सही योजना पूर्वक होना चाहिए जो कि प्रशिक्षक के मस्तिष्क में पहले से ही हो।

प्रशिक्षक झुंड प्रशिक्षण देते समय इस बात का विशेष ध्यान रखना चाहिए कि वह युवकों को एक ही कार्य पर न लगाए और समय–समय पर उसमें परिवर्तन भी करता रहे नहीं तो उनमें एकाग्रता भी समाप्त हो जायेगी ऐसे कार्य की अदला बदली के द्वारा वो खेल व हर एक विभागों को रूचिपूर्वक बना सकता

है। जैसे कि बल्लेबाजी में नये–नये एकाएक आक्रमण करना (STROKES) गेंदबाजी में भिन्न–भिन्न प्रकार की गेंदबाजी सिखाना तथा फिल्डिंग में लपकना, गेंद फेंकना और गेंद रोकना इत्यादि कार्यों में युवकों को लीन रखें। कई बार प्रशिक्षक के लिए यह आवश्यक हो जाता है कि विद्यार्थी को फिल्डिंग करवाते समय व्यक्तिगत प्रशिक्षण भी दे। एक अच्छे प्रशिक्षक को अपने प्रशिक्षण सत्र (SESSION) को ऐसा योजनाबद्ध बनाना चाहिए कि कभी अगर ऐसी आवश्यकता पड़े तो अनुशासन में भी ढील ला सके जिससे कि खिलाड़ियों में खुशी की भावना होते हुए उनमें एकाग्रता और रूचि पैदा हो सके अगर अनुशासन में पूर्णरूप से कठोरता होगी तो युवक प्रशिक्षण को अपने ऊपर बोझ समझेंगे तथा अपना कार्य नहीं समझेंगे इसीलिए प्रशिक्षक में सबसे बड़ा गुण युवकों के अन्दर खुशी की भावना को पैदा करना है इस बात का प्रशिक्षक को विशेष ध्यान रखना चाहिए कि युवकों में प्रशिक्षण के समय किसी प्रकार का ढीलापन नहीं आना चाहिए। जो भी व्यक्तिगत रूप से प्रशिक्षण दिया जाता है उसे बहुत ही सुन्दर ढ़ंग से वो अपनायें और प्रशिक्षक को चाहिए कि युवक जो गलतियां करें उनको उत्साह देते हुए दूर करें।

QUALITIES OF A GOOD COACH: एक अच्छे प्रशिक्षक की विशेषताएं

1. प्रशिक्षक सहन शीलता और धीरज वाले स्वभाव का होना चाहिए।
2. खेल के प्रति पूर्णरूप से जानकारी रखता हो।
3. प्रशिक्षक में जांचने और युवकों के दोषों को खोजने की शक्ति तथा उन दोषों को ठीक करने के ढ़ंग का आना बहुत जरूरी है।
4. अपने कार्य को पूर्णरूप से तथा योग्यता के अनुसार खेल का प्रदर्शन करवाना आना चाहिए।
5. प्रशिक्षण को अच्छे खेल के समय का अनुभव होना उसके लिए लाभदायक और सहायक हो सकता है।
6. यह अनिवार्य नहीं है कि प्रशिक्षक उच्च कोटी का खिलाड़ी हो।
7. प्रशिक्षक को अपने खेल के प्रति प्रेम होना चाहिए और युवकों को परिश्रम तथा लगन के साथ खेल को खिलाना चाहिए।

''भगवान् से कोई स्थान खाली नहीं वह प्रत्येक के हृदय में हैं''

8. प्रशिक्षक अपने कार्य में रूचि, जाग्रता और उत्साह रखता हो तथा खिलाड़ियों के प्रति वह रूचि रखें।

9. प्रशिक्षक में युवकों के प्रति दयालुता तथा मित्रता पूर्वक भावना होनी चाहिए उसे कभी–कभी युवकों के कार्य की सराहना भी करनी चाहिए जिससे उनका उत्साह बढ़ता रहे।

10. प्रशिक्षक का व्यक्तित्व, शारीरिक आकृति और आदतें युवकों के प्रति एक उदाहरण के तौर पर अच्छी होनी चाहिए तथा शारीरिक तौर पर सक्षम और हँस–मुख होना चाहिए।

11. प्रशिक्षक के पढ़ाने तथा सिखाने के उत्तम ढ़ंग के साथ–साथ उसे (KINESIOLOGY)किन्सालोजी के ज्ञान द्वारा युवकों के कार्य कलापों में या उनकी तकनीक में सुधार देकर प्रगति लानी चाहिए। वह वर्तमान और नवीनतम मन्त्र कला (TECHNIQUE) का उपयोग कर कौशल या युक्ति (SKILL) उत्पन्न करके क्रियाओं को बढ़ावा दे सकता है।

COACHING CAMP: प्रशिक्षण शिविर

प्रशिक्षक को जब कभी किसी प्रशिक्षण शिविर लेने का निमंत्रण मिलता है तो उसका पहला कर्त्तव्य यह है कि वो शिविर को लगवाने वाली संस्था, अध्यक्ष, सचिव या स्कूल, कॉलेज के प्रधानाध्यक्ष को मिलें। शिविर के लिए खेल सामग्री की प्राप्ति करें तथा इस बात का ध्यान रखें कि जिस स्थान पर शिविर लगना है वहाँ का खेल मैदान और पिच खेलने के योग्य भी है या नहीं ऐसा न हो पिच में कोई खराबी हो जिससे कि युवकों को चोट लगने का खतरा हो अगर ऐसा है तो शीघ्र ही पिच का सुधार करवाना चाहिए नहीं तो ऐसी पिच पर एक तो युवक अपना विश्वास खो देंगे, दूसरा शिविर के अन्दर किसी युवक को चोट लग जाने से उनमें खेल के प्रति रूचि कम हो जाएगी। जहाँ पर टफ विकेट न हो वहाँ पर मैटिंग को कस कर ठीक ढ़ंग से लगवाना बहुत जरूरी है। जिस शिविर में एक से अधिक नेट लगे वहाँ पर दोनों विकेटों के मध्य भाग में दोहरा नेट लगाना बहुत जरूरी है तथा नेट का बड़ा होना अत्यन्त आवश्यक है। शिविर में युवकों की आयु के अनुसार माप (SIZE) की खेल सामग्री बैट, गेंद, दस्ताने और पैड इत्यादि का होना बहुत आवश्यक है। अगर शिविर में युवकों की आयु के अनुसार खेल की सामग्री नहीं है तो इस बात की जानकारी वहाँ के

"जिव्हा के स्वाद पर कब्जा से इन्द्रियों का नियंत्रण होता है"

मेहनत का फल जरूर मिलेगा: पठानियाँ

नव भारत 17.5.94

(खेल प्रतिनिधि)

भोपाल. दिल में अगर लगन हो और खिलाड़ी मेहनत करना चाहे तो उसे मन्जिल अवश्य ही मिलेगी, जिस तरह बहता पानी अपना रास्ता बनाता है हम सिर्फ गाईड की भूमिका अदा करते हैं. यह शब्द क्रिकेट के एन.आई.एस. कोच गोकुल सिंह पठानियाँ ने भेल स्पोर्ट्स काम्प्लेक्स में इन दिनों चल रहे ग्रीष्मकालीन क्रिकेट प्रशिक्षण शिविर में खिलाड़ियों को अभ्यास कराने के बाद इस प्रतिनिधि से कहे.

श्री पठानियां ने कहा- क्रिकेट खिलाड़ी को अपना रास्ता स्वयं बनाना होगा और वह मेहनत करे तो वह दिन दूर नहीं जब उनकी गेंदबाजी या बल्लेबाजी की चमक दूर-दूर तक चमके.

श्री पठानियां का मानना था मेहनत करने वाला कहीं भी काम करे अगर वह उसका परिणाम देता है तो उसकी प्रशंसा में दो शब्द कहलाने का तो उसका हक बनता ही है पर एक खिलाड़ी को अपना खेल खेलने के लिये महंगी खेल सामग्री खरीदना पड़ती है इस ओर ध्यान देना जरूरी है.

आपका कहना था आज गेंद की कीमत ७० से ९० रुपये है और बैट एक हजार से तीन हजार तक का मिलता है. इसी तरह जूता ३०० रु. से ५०० रुपये तक का मिलता है इससे प्रतिभाओं को आगे आने में दुश्वारियों का सामना करना पड़ता है.

श्री पठानियां ने कहा मेहनत के साथ ईश्वर की कृपा पर भी खिलाड़ी को रहना चाहिये और अगर उन्होंने अनुशासन के साथ खेला तो एक दिन उनको सफलता जरूर मिलेगी. भेल के खिलाड़ियों के बारे में उनका कहना था उनका प्यार व स्नेह मुझे मिला है मैंने टी.टी. नगर स्टेडियम, बालेअली से जो सफर किया उसका एक स्टेशन भेल है.

आज प्रातः खेल एवं युवक कल्याण के (का.) संचालक बलवीर सिंह कुशवाह ने आज भेल स्पोर्ट्स काम्प्लेक्स के नन्हें- मुन्ने बालक व बालिकाओं से परिचय प्राप्त किया उस अवसर पर सभी खेलों के कोच मौजूद थे.

को सीधे सेटों में कर खिताब जीता

डालर का दूसरा इनाम बेकर को मिला

युगल खिताब यजेनी काफेलनिकोव और डेविड रिकल की गैर वरीयता प्राप्त जोड़ी को मिला. इस जोड़ी ने बेयनी फरेरा और जेवियर सांचेज की जोड़ी को ६-१, ७-५ से हराया.

इस जीत के साथ अमरीकी खिलाड़ी फ्रैंच ओपन में बढ़े हुये उत्साह से उतरेगा. फ्रैंच ओपन एकमात्र ऐसी ग्रैंड स्लैम टूर्नामेंट है, जो क्ले कोर्ट पर खेला जाता है. यही एक ग्रैंड स्लैम खिताब है जो सम्प्रास को अब तक नहीं मिला है. सम्प्रास यदि फ्रैंच ओपन जीत जाता है तो उसका यह लगातार चौथा ग्रैंड स्लैम खिताब होगा. रोड लीवर ने १९६९ में लगातार चारों ग्रैंड स्लैम प्रतियोगितायें जीतीं थीं.

रेड क्ले टेनिस

ब्राजील का मट्टर खिताब जीतनेवाला खिलाड़ी बन गया

कोरल स्प्रिंग्स.वा. ब्राजील का लुइज मट्टर रेड क्ले टेनिस चैम्पियनशिप के फाइनल में जेमी मार्गन को ६-४, ३-६, ६-३ से हराकर यहाँ अमरीका में एटीपी टूर्नामेंट जीतने वाला अपने देश का पहला खिलाड़ी बन गया.

मट्टर ने बेस लाइन पर धैर्य से खेलते हुए अपने आस्ट्रेलियाई प्रतिद्वंदी के सर्व और वालियों का बखूबी सामना किया. यह छठी वरीयता प्राप्त मट्टर का क्ले कोर्ट पर और ब्राजील के बाहर पहला तथा कुल सातवां खिताब है. उसे दो लाख ४० हजार की इनामी रकम में से ३१००० डालर मिले.

पूरे हफ्ते शानदार सर्विस करने वाले मट्टर ने फाइनल में अपनी ओर से दस गलतियां कीं अपने कैरियर में तीसरी बार फाइनल में पहुँचा सातवीं वरीयता प्राप्त मार्गन इस बार भी खिताब जीतने में नाकाम रहा.

प्रशस्ति पत्र

****

श्री जी.एस. पठानिया

अभिनंदन-पत्र

स्पोर्ट्स टाइम्स

सम्मान समारोह 5 जुलाई 1998

स्वस्थ्य और तंदुरुस्त समाज के लिये खेल महती जरूरत है और खेलों को विविध आयामों को नित नई ऊँचाई पर पंहुचाने हमारे खेलवीर श्री/कुमारी/श्रीमती जी. एस. पठानिया को वर्ष 1997-98 का सम्मान देते हुये हम अपने आपको गौरवान्वित महसूस करते हैं।

मुख्य अतिथि

प्रधान संपादक

स्पोर्ट्स टाइम्स

गोल्ड मेडल इफ्तेखार क्रिकेट का

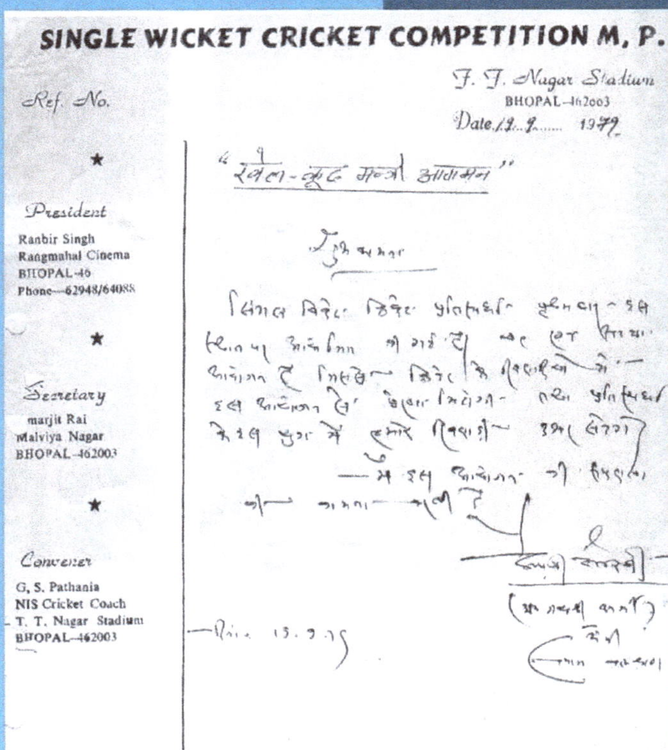

SINGLE WICKET CRICKET COMPETITION M. P.

Ref. No.

T. T. Nagar Stadium
BHOPAL-462003
Date 19.9...... 1979

★

President
Ranbir Singh
Rangmahal Cinema
BHOPAL-46
Phone—62948/64088

★

Secretary
marjit Rai
Malviya Nagar
BHOPAL-462003

★

Convener
G. S. Pathania
NIS Cricket Coach
T. T. Nagar Stadium
BHOPAL-462003

"खेल-कूद मन्त्री आगमन"

[illegible]

दि. 19.9.79

प्रबन्धकों को देना आवश्यक है। शिविर को आरम्भ करने से पहले युवकों का चुनाव कर लेना चाहिए। चुनाव में इस बात का ध्यान रखना चाहिए कि वही युवक शिविर के लिए जाए जिनकी रूचि हो। चुनाव के बाद युवकों की आयु के अनुसार झुंड (GROUP) बनाने चाहिए।

इस बात को जहाँ तक सम्भव हो सके ध्यान रखना चाहिए कि दर्शक नेट से दूर ही रहे। जिससे कि युवकों की एकाग्रता या उनका ध्यान दर्शकों की ओर या उनके कहे हुए शब्दों (REMARKS) की ओर न जाए। शिविर में युवकों को इस बात से प्रभावित करना चाहिए कि वह ठीक व्यवहार से अनुशासन प्रिय होकर खेल को खेलें जिस ढ़ंग से की किसी मैच में खेलना होता है। प्रशिक्षक को अभ्यास करवाते समय परिणाम के बारे में नहीं सोचना चाहिए बल्कि युवकों की बुरी आदतों पर विशेष ध्यान रख कर युवकों में अच्छी आदतें डालने की कोशिश करनी चाहिए। खिलाड़ियों को इस बात का ज्ञान देना चाहिए कि जब वह खेलने के लिए जाते हैं तो एक जैसी वर्दी (UNIFORM) पूर्ण सभ्यता के साथ पहने तथा खेल के सामान को भी ठीक से पहनना और रखना सीखें। जैसे कि पैडों को बांधना, गार्ड को बांधना इत्यादि इससे एक तो किसी प्रकार की चोट लगने का भय नहीं रहता दूसरा किसी प्रकार की कठिनाई नहीं आती प्रशिक्षक का कर्त्तव्य है कि एक तो युवक की एकाग्रता नष्ट न हो दूसरा जहाँ पर भी उसके खेल में दोष नजर आए उसकी आदत बनने से पहले उसका सुधार करें। प्रशिक्षक का कार्यक्रम (PROGRAMME) इस ढ़ंग का होना चाहिए कि युवक उसमें रूचि पूर्वक भाग ले सकें अगर उसका कार्यक्रम रूचिपूर्वक नहीं होगा तो युवक की रूचि भी खेल के प्रति जाती रहेगी। युवकों की योग्यता या जो उन्होंने उन्नति की उसका चिरस्थायी रूप से लिपिबद्ध या अंकित (RECORD) करके रखना चाहिए तथा कभी–कभी उनकी उन्नति पर उनका उत्साह भी बढ़ाना चाहिए। शिविर के कार्यक्रम को रूचि पूर्वक बनाने के लिए युवकों में कभी–कभी प्रतिद्वन्दिता का खेल (MATCH) स्पर्धा या प्रतियोगिता भी करवानी चाहिए जिससे कि विश्वास की प्राप्ति होती है और प्रतिद्वन्दिता के खेल (MATCH) के स्वभाव (TEMPERAMENT) के बारे में भी पता चलता है जहाँ तक सम्भव हो सके युवक को पूर्ण स्वतन्त्र रूप

"धूप में निकलो घटाओं में नहा कर देखो, जिंदगी क्या है किताबों को हटा कर देखो"

से खेलने देना चाहिए। कभी–कभी प्रशिक्षक को युवकों के साथ खेलते हुए उनकी गलतियों का सुधार करना चाहिए जो युवक अच्छा खेलते हैं उनको और अच्छा खिलाड़ी बनने की सलाह या मशवरा देना चाहिए।

RUNNING BETWEEN THE WICKETS: विकेटों के दरम्यान दौड़ना

विकेट के दरम्यान योग्यता पूर्वक दौड़ना अपने और दर्शकों के लिए बहुत महत्वपूर्ण है। विकेट के बीच में योग्यता पूर्वक भागने के लिए निम्नलिखित बातों को ध्यान में रखना चाहिए।

1. दोनों बल्लेबाजों को आपस में एक दूसरे को समझना बहुत आवश्यक है।
2. सबसे पहले यह बात ध्यान में रखनी चाहिए कि जो गोलंदाजी (SHOTS) या एकाएक आक्रमण (STROKS) बल्लेबाजी करने वाले के सामने उसकी पुकार (CALL) पीटने वाला (STRIKER) करेगा जो आक्रमण (STROKES) स्टम्पों के पीछे होंगे उनकी पुकार नहीं पीटने वाला (NON STRIKER) करेगा।
3. दोनों बल्लेबाजों को नहीं (NO) की पुकार (CALL) की हमेशा इज्जत करनी चाहिए।
4. खेलने के बाद अगर गेंद स्क्वायर लेग और प्वाइंट (POINT) की ओर जाएगा तो उसी गेंद की दूसरी और तीसरी दौड़ में नॉन स्ट्राइकर ही पुकार करेगा क्योंकि वह फिल्डर को गेंद पकड़ते हुए अच्छी प्रकार से देख सकता है।
5. बल्लेबाजों को दौड़ते समय विकेट के मध्य में रूकना या खड़े नहीं होना चाहिए।
6. बल्लेबाजों को पहली दौड़ हमेशा जितनी तेज हो सके उतनी ही तेज लेनी चाहिए और बाद की दौड़ों की जिम्मेवारी एक दूसरे की जानकारी और समझदारी पर निर्भर है।
7. दोनों बल्लेबाजों का यह कर्त्तव्य है कि वह एक दूसरे की विकेट को बचाएं।
8. गेंदबाज जो कि दाये हांथ से ओवर दी विकेट अगर गेंद करता है तो स्ट्राइकर को अपनी ऑफ साइड पर दौड़ना चाहिए लेकिन गेंदबाज अगर राउण्ड

दी विकेट गेंद करता है तो उस समय नान स्ट्राइकर का यह कर्त्तव्य बन जाता है कि वो अपने साथी के सामने का रास्ता छोड़कर भागे जिससे कि उसके साथी को भागते हुए किसी मुश्किल का सामना न करना पड़े इसलिए उसे अपने साथी की ऑफ साईड से बाहर की ओर भागना चाहिए।

9. बल्लेबाजों को हाँ (YES) नहीं (NO) और ठहरो (WAIT) तीनों पुकारें (CALLS) ठीक से प्रयोग में करनी चाहिए।

10. अच्छी योग्यता पूर्वक बल्लेबाजों का विकेट पर दौड़ना विद्रोही टीम की निपुर्णता और युगतियाँ जो कि उन्होंने लगाई होती है उनको तोड़कर अपनी ओर के लिए अच्छी दौड़ें बना सकते हैं तथा फिल्डरों के घेरे को भी तोड़ सकते हैं।

11. जब तक गेंदबाज के हांथ से गेंद छूट नहीं जाती तब तक नान स्ट्राइकर को अपनी क्रीज नहीं छोड़नी चाहिए अगर वह पोपिंग क्रीज के बाहर भी खड़ा है तो उसे अपने बल्ले को जमीन के साथ छूता हुआ पोपिंग क्रीज के अन्दर ठीक से रखना आवश्यक है।

12. बल्लेबाजों को दौड़ लगाते समय बल्ले या शरीर का कोई भी अपना अंग पोपिंग क्रीज के अन्दर की ओर लगा कर रखना चाहिए।

13. बल्लेबाज को इस बात का ध्यान रखना चाहिए कि गेंद किस दिशा में गया है उनको बल्ले की तबदीली एक हांथ से दूसरे हांथ में दौड़ लेते समय करनी चाहिए। जैसे कि गेंद अगर प्वाइंट (POINT) की ओर गया है तो स्ट्राइकर को चाहिए कि दौड़ते समय बल्ले को दाये हांथ से बदलकर बायें हांथ में पकड़ कर भागे। ऐसा करने से वह गेंद को आसानी से दौड़ते हुए देख सकता है।

14. दौड़ को लेते समय बल्लेबाज को अन्तिम समय में जब कि बल्लेबाज पोपिंग क्रीज से थोड़ी दूरी पर ही हो तो उसे बल्ले को जमीन के साथ घिसता या रगड़ता हुआ ले जाना चाहिए।

15. जब तक बल्लेबाज आपस में एक दूसरे की पुकार (CALL) को समझ नहीं लेते तब तक उनको अपने छोर (END) को नहीं छोड़ना चाहिए।

16. बल्लेबाज को दौड़ बनाते समय पीछे घूम–घूम कर नहीं देखना चाहिए।

"आपत्तियों से बढ़कर और कोई बड़ी शिक्षा नहीं"

LESSONS OF BOWLING: गेंदबाजी का उदाहरण

गेंदबाजी का प्रशिक्षण देते समय निम्नलिखित बातों का ध्यान रखना आवश्यक है।

1. गेंदबाजी ठीक करने के लिए दौड़ को बड़ा करके (RUN UP) अच्छी कलात्मिक या धारावाही आकर्षक दृष्टि से आसानी से (SMOOTHLY) गेंदबाज का गेंद हांथ से छोड़ना तथा ठीक आगे बढ़कर समझ कर फेंकने का (FOLLOW THROW) ढ़ंग ठीक होना बहुत जरूरी है।

2. गेंदबाजी में गेंद की किस्में और ठीक दिशा में गेंद को लाने के लिए गेंदबाजी में निश्चित किये निशान तथा बॉलिंग क्रीज का भिन्न–भिन्न कोणों से प्रयोग करना गेंदबाजी के लिए अधिक लाभदायक होगा।

3. गेंदबाज इस बात को ध्यान रखें कि उसका गेंद सीधा स्टम्पों की ओर और ठीक दिशा में जाता है या नहीं, जब ऐसा विचार वह अपने मन में रखेगा कि गेंद की सीमा अच्छी दूरी (GOOD LENGTH) दिशा (DIRECTION) और उड़ान (FLIGHT) ठीक है या नहीं तो वह हर नये बल्लेबाज को कठिनाई पैदा कर सकता है ऐसी कठिनाई पैदा करने के लिए गेंदबाज का दूरी (LENGTH) और दिशा (DIRECTION) नियंत्रण (CONTROL) होना बहुत जरूरी है।

4. तेज और धीमी रफ्तार के गेंदबाजों को गेंद की उड़ान (FLIGHT) का ध्यान रखना और गेंद की उड़ान को भिन्न–भिन्न कोणों पर देना अधिक लाभ–दायक सिद्ध होगा ऐसे में जब बल्लेबाज खदेड़ने (DRIVE) की कोशिश करता है तो वह अधिक–तौर पर गलती करता है।

5. मध्यम–गति (MEDIAN-PACE) के गेंदबाज के लिए कभी–कभी यॉरकर (YORKER) और कभी आवश्यकता से अधिक अपनी गेंद में तेजी या गति लाना बल्लेबाज के लिए कठिनाई पैदा करता है।

6. गेंदबाजी करते समय गेंदबाज को गेंद करने का ढंग अपना कार्य या क्रिया (ACTION) और गेंद की पकड़ (GRIP) ठीक है या नहीं सभी बातों को ध्यान में रखना चाहिए।

LESSONS OF BATTING- बल्लेबाजी का उदाहरण–

बल्लेबाजी का प्रशिक्षण देते समय इन सिद्धांतों को ध्यान में रखना आवश्यक है।

1. बल्लेबाज को ठीक खड़ा होना (STANCE), शरीर का दोनों पावों पर एक जैसा वजन तथा खड़े होने का ढ़ंग आरामदायक है या नहीं।

2. बल्लेबाज का बल्ला पीछे की ओर उठाते (BACK LIFT) समय गेंद को गेंद की गति के साथ–साथ ठीक ढंग से खेलने के लिए आता है या नहीं।

3. बल्लेबाजी का सबसे अच्छा गुण पांवों की क्रिया (FOOT-WORK) है। प्रशिक्षक को बल्लेबाज की बल्लेबाजी करवाते हुए उसको आगे–प्रतिरक्षात्मक (FORWARD-DEFENSIVE) से खेलते हुए और पीछे पांवों को लाते हुए प्रतिरक्षात्मक या (BACK-FOOT) आक्रमण ढ़ंग से खेलते हुए उसके पांवों की क्रिया (FOOT-WORK) में कोई कठिनाई तो नहीं आ रही तथा साथ ही साथ बल्लेबाज के शरीर का वजन, शरीर की दिशा और पांव अपने बल्ले के साथ गेंद की पंक्ति (LINE) में ठीक ढ़ंग से आते हैं या नहीं विशेष ध्यान देना चाहिए। बल्लेबाज का बल्ला बायें कन्धे, बाजू और कलाईयों के नियंत्रण (CONTROL) के साथ सीधा आता है या कि बेड़ेबल (CROSS) रखकर आता हो तो उसका सुधार करवाना चाहिए।

4. बल्लेबाज की अच्छी बल्लेबाजी के लिए पहला सिद्धांत बायां कन्धा, कुल्हें (HIP) का कार्य गेंद की पंक्ति (LINE) में आना है।

5. गेंद को खेलते समय बल्ले को गेंद की पक्ति में लाने के लिए उसका समय (TIMING) ठीक होना आवश्यक है।

6. जब गेंद जंघा वाली खूंटी (LEG-STUMP) पर खेलने के लिए आता है तो उस समय सीधे बल्ले के साथ खेलने के लिए सिर (HEAD) और बाई–कलाई (LEFT-WRIST) का कार्य गेंद की पंक्ति में जाना आवश्यक है अतः अगर दाये हांथ से बल्ले को अधिक दबा कर झुलायेगें (SWING) तो समय में अन्तर आ सकता है।

"जुबान के मुकाबले अपनी आँखों को अधिक तेज रखो"

7. बल्लेबाजी में शरीर के वजन का ठीक संतुलन (BALANCE) होना हर प्रकार के एकाएक आक्रमण (STROKES) के लिए आवश्यक है अच्छा बल्लेबाज हर समय अपने शरीर के वजन, बल्ले का इधर–उधर झुलाना (SWING) और अपने समय (TIMING) को कभी भी ढ़ीलेपन (LOOSE) से नहीं लेते।

8. इसके अतिरिक्त कुछ ऐसे भी विज्ञान सम्बंधी (TECHNICAL) सिद्धांत है जिनको बल्लेबाजी करते समय अपने दिमाग में रखना आवश्यक है।

I. गेंद फेंकने की सीमा (PITCH) के साथ–साथ गति तथा गेंदबाज के आक्रमण (ATTACK) करने का ढ़ंग कि उसने किस ढंग की गेंद फेंकी है इसका अभिप्राय यह है कि गेंद की उड़ान (FLIGHT) दिशा (DIRECTION) और दूरी (LENGTH) का विशेष तौर पर ध्यान रखना आवश्यक है जब तक बल्लेबाज इन सभी बातों की जानकारी पूर्ण रूप से नहीं कर लेता तब तक उसे रक्षात्मक (DEFENSE) ढ़ंग से खेल खेलना चाहिए।

II. अच्छे बल्लेबाज का सबसे अच्छा गुण अपने स्वभाव (TEMPERAMENT) पर अपना नियंत्रण (SELF-CONTROL) करना अच्छी बल्लेबाजी के साथ–साथ काफी लम्बी पारी (INING) खेलने का महत्व है।

III. अपने दल (TEAM) के लिए स्वार्थी–भावना लाना और खिलाड़ी का यह सोचना कि केवल व्यक्तिगत औसत ही बनानी है दल के लिए हानिकारक है।

IV. जिस समय गेंदबाज अधिक सफलता प्राप्त कर रहा हो या आपकी टीम का पतन हो रहा हो तो ऐसी अवस्था में कुछ समय के लिए व्यक्तिगत खेल या जैसी उस समय आवश्यकता है वैसा ही खेल खेलना तथा फिल्डिंग करने के समय फिल्डिंग के अन्दर अपने से बड़े खिलाड़ी का कहना मानकर गेंदबाज को सफल बनाने की कोशिश करना, विकेट के ऊपर ठीक दौड़ना अपनी रन संख्या को बढ़ावा देना है। ऐसा करने से न केवल आप अपनी टीम को पतन से ही बचा सकते हैं बल्कि अपने साथियों में विश्वास की भावना भी जाग्रित कर सकते हैं।

"अगर तुम सूरज की तरह चमकना चाहते हो, तो पहले सूरज की तरह जलना सीखो"

ETIQUETTE OF CRICKET

क्रिकेट के सामाजिक शिष्टाचार या अदब

DRESS: पहनावा

क्रिकेट खेल के पहनावें में पूरी बाजू वाली सफेद या क्रीम रंग की कमीज जो कि बिना जेब के होनी चाहिए तथा सफेद या क्रीम रंग की पैंट जो कि ढ़ीली ठीक नाप (LOOSE FITTING) की होनी आवश्यक है। कपड़े साफ–सुथरे तथा अच्छी तरह से प्रेस (PRESS) किये होने चाहिए। क्रिकेट खेलते समय घड़ी और अंगूठी कभी नहीं पहननी चाहिए तथा ऊपर तक सफेद सुती या ऊनी जुराबे होनी चाहिए सफेद बूट जो कि अच्छी प्रकार से पालिश किये हो और पांवों में उनके ठीक प्रकार से नाप का (FITTING) होना जरूरी है पांवों में तंग या ढ़ीले नहीं होना चाहिए तथा बूटों के नीचे कीलें ठीक प्रकार से लगी हो जिससे कि पांवों को अच्छी पकड़ (GRIP) देने में सहायता मिलती है। क्रिकेट टोपी (CAP) अवश्य पहननी चाहिए।

APPEAL: ध्यान आकृष्ट करना

अपील हमेशा ठीक अधिकार (RIGHT POSSESSION) से होनी चाहिए। एक्स्ट्रा–कवर (EXTRA-COVER) या मिड–विकेट (MID-WICKET) के स्थान पर खड़े होकर पग–बाधा (L.B.W.) की अपील करना बहुत मजाकिया ढ़ंग (FUNNY-TYPE) की अपील है। अपील शीघ्रता के साथ–साथ सबकी हमेशा एक ही साथ होनी चाहिए । अपील अलग–अलग नहीं करनी चाहिए।

FIELDING: गेंद को रोकना या पकड़ना

क्षेत्र–रक्षकों को हमेशा तैयार रहना चाहिए तथा कप्तान की हर एक आज्ञा या संकेत को पाने के लिए हर घड़ी चौकंना, चुस्त और तैयार रहना चाहिए। क्षेत्र–रक्षकों को सुस्त या ध्यान को किसी दूसरी ओर नहीं रखना चाहिए तथा

"शेर को भी मक्खियों से अपनी रक्षा करनी पड़ती है"

बाहरी क्षेत्र–रक्षकों (OUT-FIELDERS) को गेंदबाज जैसे ही गेंद करने के लिए चले उसके साथ ही चल देना (START) चाहिए। बाहरी क्षेत्र–रक्षकों की सहन–शक्ति (STAMINA) बहुत अच्छा होनी चाहिए। जो स्लीप्स (SLIPS) के क्षेत्र–रक्षक हो वो बहुत चुस्त होने चाहिए। नजदीक (CLOSE) के क्षेत्र–रक्षकों को एक दूसरे को ढ़ांकना (COVER) करना चाहिए। गेंद को रोकने या लपकने (FIELDING AND CATCHING) के समय दोनों हाथों का प्रयोग करना चाहिए। जब गेंदबाज–गेंद करने के लिए चल पड़ता है तो उसी समय मिड़–ऑफ और मिड–ऑन (MID-OFF AND MID-ON) के क्षेत्र–रक्षकों को स्ट्राईकर (STRICKER) की ओर चल पड़ना चाहिए। जब विकेट–कीपर गेंद को पकड़ने के लिए जाता है या गेंद की ओर घूमता (MOVES) है तो उस समय स्लीप और नजदीक के क्षेत्र–रक्षकों का यह कर्त्तव्य है कि वह विकेट–कीपर को ढ़ॉके या (COVER) करें।

BATTING: बल्लेबाजी

बल्लेबाजी के लिए पैड बांधते समय बक्कल अन्दर की ओर होने चाहिए और बल्लेबाजी करते समय पैड अवश्य बांधने चाहिए तथा अबडामिनल–गार्ड का प्रयोग अवश्य करना चाहिए और उसे हमेशा पैंट के अन्दर ही बांधना चाहिए। दोनों ओर स्क्रीन जब कभी भी मिल सकती हो तो उसको प्रयोग में लाना चाहिए। आऊट होकर बाहर जाने वाले और बल्लेबाजी को करने के लिए अन्दर आने वाले बल्लेबाजों का मिलाप बाउण्ड्री लाईन या रेखा के अन्दर ही होना चाहिए।

BOWLING: गेंदबाजी

गेंदबाज द्वारा गेंद फेंकने से पहले अगर नॉन–स्ट्राइकर पोपिंग–क्रिज से बाहर जाने की सुविधा (ADVANTAGE) लेता है तो गेंदबाज का यह कर्त्तव्य है कि उसे सूचित (WARN) कर दें।

DECISION: फैसला

अम्पायर ने फैसला कैसा भी दिया हो एक अच्छे खिलाड़ी होने के नाते उसे स्वीकार करना चाहिए तथा किसी प्रकार का भी अनुशासन भंग नहीं करना चाहिए।

"अतिथि–सत्कार से इंकार करना सबसे बड़ी गरीबी है"

UMPIRES AND UMPIRING
अंपायर और अंपायरिंग

जो भी अम्पायर हो उसको अपनी योग्यता के अनुसार खेल की जानकारी और उसके नियमों की जानकारी रखना बहुत आवश्यक है अगर कोई अम्पायर पूर्ण रूप से अच्छा अम्पायर न भी हो तो भी अगर वह इन नियमों को अपने मद्देनजर रखता है तथा विशेष रूप से जानकारी प्राप्त करके और उस पर अभ्यास करके वो अच्छा अम्पायर बन सकता है तथा अम्पायर अगर अपने मद्देनजर निम्नलिखित बातें और नियम रखता है तो वह खेल में रूचि पैदा कर सकता है।

एक अच्छे अम्पायर के लिए अच्छी आंखों की दृष्टि, अच्छी कानों की क्षमता, अच्छा व्यवहार और खेल की अच्छी जानकारी होना बहुत जरूरी है।

अम्पायर को खेल में किसी प्रकार से झिझक या घबराहट के साथ फैसला नहीं देना चाहिए उसे पूर्ण विश्वास के साथ अपना फैसला देना चाहिए।

TEMPERAMENT: स्वभाव

कई अम्पायर खेल की पूर्ण जानकारी रखते हुए भी अपना फैसला ठीक से नहीं दे पाते क्योंकि उनका स्वभाव स्थिर नहीं होता और वह शीघ्र ही खेल में जोश के आते ही अपनी स्वाभाविकता खो देते हैं इसलिए अम्पायर को जो भी फैसला देना हो उसे अपने स्वभाव पर पूर्ण रूप से काबू करके अपना फैसला देना चाहिए। किसी भी प्रकार की व्यक्तिगत जानकारी से या किसी भी ओर मित्रता पूर्वक विचार न रखते हुए अपना फैसला देना चाहिए।

"खुदी को कर बुलंद इतना कि हर तकदीर से पहले खुदा बंदे से खुद पूछे बता तेरी रजा क्या है"

DRESS: पहनावा

हर एक अम्पायर को खिलाड़ी की भांति होशियार और उत्साह वर्द्धक होना चाहिए। अपना पूर्ण पहनावा पहनना चाहिए। अम्पायर के लिए सफेद कोट, सफेद टोपी, सफेद बूट और किसी गहरे रंग की पैंट का होना बहुत जरूरी है। अम्पायर का पहनावा साफ–सुथरा और अच्छी प्रकार से प्रेस किया होना चाहिएं, कपड़ा चाहे कितना भी सस्ता क्यों न हो।

खिलाड़ी की ओर व्यवहार कुशलता:

अम्पायर के लिए सबसे बड़ा गुण निपुर्णता है। एक अम्पायर में यह निपुर्णता तभी आ सकती है जब वह खेल के मैदान में चुपचाप खड़ा रहे जब भी उससे कभी कुछ पूछा जाय तभी वह जबाब दें। उसका व्यवहार खिलाड़ियों के साथ बहुत धीरज वाला होना चाहिए जिससे कि खिलाड़ी भी उसका आदर करें। यह आमतौर पर देखा जाता है कि जब कभी गेंदबाज गेंद करते समय अम्पायर के साथ धोखा करने की कोशिश करता है तो अम्पायर अपना धीरज खो देते हैं और क्रोधित हो जाते हैं जिस कारण से वह अपना आदर भी खो देते हैं इस लिए अम्पायर में सहनशील होना चाहिए और बड़ी सावधानी के साथ उस समय जैसा माहौल हो उसी प्रकार से व्यवहार करना चाहिए।

"बढ़ना जिन्दगी है, रूकना मौत है
इसलिए बढ़ता जा–बढ़ता जा"

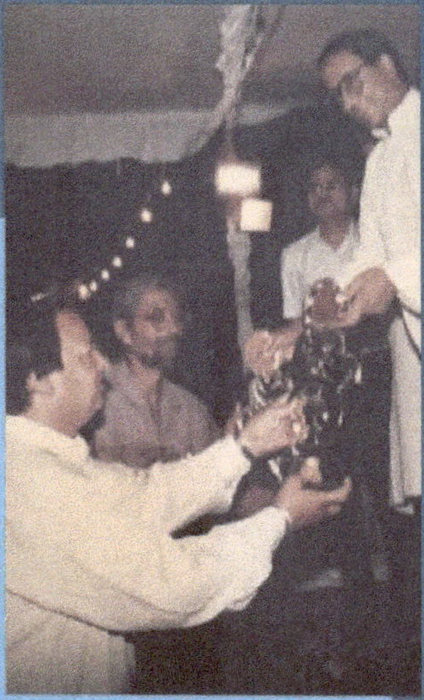

3 दिवसीय अंडर-18 क्रिकेट सीरीज का समापन, पठानिया क्रिकेट अकादमी ने जीते तीनों मुकाबले

भास्कर संवाददाता | श्योपुर

वीर सावरकर स्टेडियम में आयोजित तीन दिवसीय अंडर-18 क्रिकेट सीरीज का शुक्रवार को फाइनल मुकाबले के साथ समापन हो गया। तीन दिवसीय इस प्रतियोगिता में तपोभूमि क्रिकेट अकादमी मुरैना और पठानिया क्रिकेट अकादमी श्योपुर के बीच तीन एकदिवसीय मुकाबले खेले गए, जिसमें पठानिया अकादमी ने सभी मैच जीतकर सीरीज पर कब्जा जमाया। सीरीज में खिलाड़ियों ने शानदार प्रदर्शन किया। प्लेयर ऑफ द सीरीज का खिताब कविषा पाठक को मिला, जिन्होंने कुल 110 रन बनाए और 9 विकेट झटके। बेटर ऑफ द सीरीज का सम्मान देव रावत को प्राप्त हुआ, जिन्होंने 189 रनों की शानदार पारी खेली। वहीं, सौरभ नरवरिया ने 135 रन बनाकर मुरैना टीम की ओर से दूसरा सर्वोच्च स्कोर बनाकर अपनी प्रतिभा का लोहा मनवाया।

जीत के बाद मैदान में खड़े पठानिया अकादमी टीम के खिलाड़ी।

अपनी गलतियों पर खुद ही चिन्ता व्यक्त करना:

अम्पायर अगर यह जानता है कि उसने निर्णय देते समय कोई गलती की है तथा उस गलती को सोच कर वह घबराहट महसूस कर रहा है तो उसके लिए अच्छा यही है कि या तो वह उस गलती को ठीक करें अगर ऐसा असम्भव है कि वो अपनी गलती को ठीक नहीं कर सकता तो उसको उस गलती के बारे में चुप रहना या भूल जाना चाहिए यह सबसे बड़ा गुण अम्पायर का होगा कि अगर उसने कोई गलती की है और उसने उसी समय अपनी या उस गलत निर्णय को ठीक कर दिया है अम्पायर तो सभी गलतियां कर सकते हैं लेकिन वहीं अम्पायर सबसे बुद्धिमान और न्यायाधीश है जो अपनी गलतियों को पूर्ण रूप से विश्वास के साथ ठीक कर देता है यह भी सबसे बड़ा गुण अम्पायर का है कि वह अपने दूसरे साथी के साथ सहयोग और ईमानदारी रखें, अगर वह जानता है कि उसके दूसरे साथी ने कोई गलती कर दी है तो उस समय उसका यह कर्तव्य बन जाता है कि अपनी पद्वी की समानता देखते हुए अपने साथी के गलत कार्य पर पर्दा डाले और उसका प्रचार न करें।

दोनों अम्पायरों को चाहिए स्थानीय नियम को अपने विचार में रखते हुए स्थानीय स्थिति के अनुसार खेल के नियम का प्रयोग करें कोई ऐसी बात अगर हो जाती है कि जिस कारण से आपका निर्णय खिलाड़ियों की दृष्टि में गलत है तो उस समय आपका यह कर्त्तव्य है कि आप अपने दूसरे साथी के साथ बातचीत करके उस गलत निर्णय को ठीक बनाये और क्रोधित खिलाड़ियों को संतुष्ट करें अगर अम्पायर ऐसा नहीं कर सकता तो वह अपनी इज्जत कम कर रहा है न कि अपने दूसरे साथी की।

POSITION OF THE UMPIRES AT WICKET: विकेट पर अम्पायरों की स्थिति

यह बात हर अम्पायर के व्यक्तिगत रूप में आवश्यक है कि वह इस बात की जानकारी रखें कि खेल के मैदान में क्या हो रहा है और क्या नहीं हो रहा है। जब अम्पायर गेंदबाजी की ओर खड़ा हो तो उसे इस ढंग से खड़ा होना चाहिए कि जिससे गेंदबाज और बल्लेबाज के हर कार्य को वह अच्छी प्रकार से देख

"इक दिन तेरी झोली में तेरी हिम्मत ही खुशियाँ भर देगी इसलिए हिम्मत से अपना कार्य किए जा"।

सकें उसे इस बात का विशेष ध्यान रखना चाहिए कि क्या गेंदबाज क्रिकेट खेल के नियम न0 36 के अनुसार ठीक कार्य करता है या नहीं अगर वह कोई गलती करता है तो उसी समय उसकी गलती को ठीक करना चाहिए।

जब वह लेग अम्पायर के रूप में खड़ा होता है तो उसका कर्त्तव्य है कि वह इस बात पर विशेष ध्यान दे कि बल्लेबाज किसी प्रकार की गलती जानबूझ कर तो नहीं करता और अगर करता है तो अपील होने पर गेंदबाज के हक या पक्ष में और बल्लेबाज के विपरित निर्णय दें लेग अम्पायर का यह कर्त्तव्य है कि पहले गेंदबाज की क्रिया (ACTION) को देखें कि वह गेंदबाजी करते समय कोई ऐसी गलती तो नहीं करता जिससे कि खेल में अस्थिरता आ जाए। लेग अम्पायर को न तो विकटों के बिल्कुल नजदीक खड़े होना चाहिए और न ही अधिक दूर खड़े होना चाहिए उसकी स्थिति उस स्थान पर होनी चाहिए जहाँ से वह खड़े होकर खेल की स्थिति को अच्छी प्रकार से जांच सके अगर आवश्यकता पड़ने पर अपनी स्थिति लेग से हटाकर प्वाइंट की ओर करनी पड़े तब ओवर के बाद उसे अपना स्थान जल्दी से बदल लेना चाहिए और खेल की कार्य प्रणाली की जांच पड़ताल ठीक से करनी चाहिए। लेकिन इस बदली के लिए अम्पायर को फिल्डिंग कप्तान की आज्ञा लेना बहुत जरुरी है यह बदली उसी दशा में हो सकती है जबकि फिल्डिंग कप्तान की आज्ञा मिले या फिर कोई ऐसा कारण हो जिससे की अम्पायर को खेल की न्याय प्रक्रिया में कोई कठिनाई पैदा हो रही हो । अगर खेल में कोई ऐसी प्राकृतिक रूकावट आए जैसे कि सूर्य की किरणे या फिल्डर के द्वारा सामने आ जाने से उसको देखने में रूकावट पैदा हो तो अम्पायर अपना स्थान बदल सकता है।

अम्पायर की एकाग्रताः

हर एक अम्पायर के लिए यह सबसे महत्वपूर्ण कार्य होगा कि वह बिना किसी रूकावट, घबराहट और बिना अविश्वास के निर्णय ले। अपने स्वभाव और व्यवहार में बदली न लाये। अम्पायर का यह सबसे बड़ा कर्त्तव्य है कि वह खिलाड़ियों को खिलाते समय नियम और खेल की मुख्य बातों को बताना न भूलें।

"सपने वो नहीं जो हम सोते वक्त देखते हैं, सपने वो हैं जो हमें सोने नहीं देते"

SMARTNESS IN CHANGING OVER ENDS: एक दिशा से दूसरी दिशा में फुर्ती से जाना

अगर अम्पायर यह चाहते हैं कि खेल पूर्ण रूप से और बिना समय के नष्ट हुए ठीक ढ़ंग से चलता रहे तो उनका यह कर्त्तव्य बन जाता है कि समय को नष्ट न करते हुए अपनी दिशा बदलते रहें तथा बल्लेबाज और गेंदबाज को भी उसी रफ्तार से उनकी दिशा बदलवाते रहें इससे समय की बचत होती है और दूसरा खिलाड़ी भी ठीक ढंग से खेल में भाग ले पाएगा।

COMMON SENSE: व्यवहारिक बुद्धि

खेल के अन्दर अम्पायर का यह कर्त्तव्य है कि अगर कोई ऐसी दुर्घटना हो जाती है जिससे कि खेल के अन्दर कोई भी रूकावट पैदा हो जाए तो उस समय वह अपनी जानकारी और व्यवहार से खेल को एक स्वस्थ खेल बना सकें। अम्पायर को खेल के अन्दर हुई दुर्घटना में असली कारणों पर ध्यान देते हुए अपना निर्णय देना चाहिए इस बात से अम्पायर के व्यवहारिक ज्ञान का पता चलता है।

SIGNAL'S: संकेत

क्रिकेट के नियमों में अम्पायर के लिए कुछ विशेष संकेत हैं जिनका प्रयोग करना अम्पायरों के लिए आवश्यक है यह संकेत बिना किसी रूकावट और सोच के स्कोरर को बताने चाहिए जब–जब भी आवश्यकता पड़े। अन्त में यही कहा जा सकता है कि अम्पायर का व्यवहार, ज्ञान और एकाग्रता का एक साथ होना बहुत आवश्यक है।

"अपने लक्ष्य के लिए जोशीले और जुनूनी बनिए. विश्वास रखिए, परिश्रम का फल सफलता ही है"

12. HOW TO MAKE WICKET
विकेट को बनाने का ढ़ंग

ट्रफ विकेटः

ट्रफ विकेट को बनाने के लिए 80 फीट लम्बाई 50 फीट चौड़ाई का स्थान ले लेना चाहिए जो कि दोनों तरफ से व्यर्थ समय को खराब होने से बचाएं। विकेट की लम्बाई की दिशा उत्तर से दक्षिण की ओर होनी आवश्यक है जो कि सूर्य की दिशा की ओर से 90^0 डीग्री का कोण बनाती हो ऐसा करने से सूर्य की किरणें बल्लेबाज को कोई रूकावट नहीं डालती जब विकेट पूर्ण रूप से तैयार हो जाए तो इस बात का ध्यान रखना चाहिए कि विकेट की सतह ग्राउण्ड की सतह से अधिक से अधिक एक इंच ऊँचाई पर होनी चाहिए।

आपने जो क्षेत्र विकेट के लिए नियुक्त किया है उस क्षेत्र की मिट्टी कम से कम आठ इंच से दस इंच तक खुदाई करवा कर निकाल लेना जरूरी है। उसके स्थान पर सबसे पहले कम से कम 1/4 से 1/2 इंच कंकरी बिछानी चाहिए इस बात का ध्यान रखें कि कंकरी में छोटे–छोटे पत्थर न हो और उस कंकरी को बराबर करके एक जैसी सतह बना कर उसके ऊपर हल्का–हल्का रोलर तब तक चलाना चाहिए जब तक कि यह दब न जाए। कंकरी दब जाने के बाद इसके ऊपर अच्छी किस्म की घास जो वहाँ पर मिल सकती हो या पैदा हो सकती हो वो लगा देना चाहिए।

घास लग जाने के बाद इसके ऊपर अच्छी किस्म की मिट्टी जिसमें की दब जाने या जम जाने की विशेषता हो वैसी मिट्टी डालनी चाहिए इस प्रकार की मिट्टी पुराने चफ्फड़ या टोबे और तालाब से मिल सकती है क्योंकि इस प्रकार की मिट्टी चिकनी होती है जिसमें की दब जाने या जम जाने की विशेषता अधिक होती है मिट्टी छान कर डालनी चाहिए और उसे एक जैसा बराबर करके अच्छी तरह से दबा देना चाहिए और फिर उसके ऊपर फवॉरे के साथ

अच्छी प्रकार से एक जैसा पानी डालना चाहिए और फिर जब मिट्टी कुछ सुख जाए और हल्का रोलर उसके ऊपर चलाने से मिट्टी न उखड़े और दब जाए तो उसके ऊपर हल्का रोलर बार–बार चलाना चाहिए। जैसे–जैसे विकेट में से घास निकलनी शुरु हो वैसे–वैसे ही पानी बराबर देते रहना चाहिए और रोलर भी बराबर चलाते रहना चाहिए ऐसा करने से मिट्टी अच्छी प्रकार से जम जाएगी। जब विकेट पर घास अच्छी प्रकार से निकल आए तो उसके ऊपर लम्बाई से चौड़ाई की ओर और चौड़ाई से लम्बाई की ओर दोनों ओर से रोलर चलाना चाहिए। रोलर करने के कुछ समय पहले विकेट के ऊपर पानी डाल देना चाहिए जिससे कि ऊँचा–नीचा स्थान रोलर चलाने से बराबर हो जाए। विकेट की घास के ऊपर कभी–कभी दवाई भी डालते रहना चाहिए जिससे कि विकेट के ऊपर की घास खराब न हो ऐसा करने से विकेट लम्बे समय तक खराब भी नहीं होती।

मैटिंग विकेटः

विकेट के स्थान का चुनाव करने के बाद उस स्थान को दो या तीन फीट तक गहरा खुदवाओ। मैटिंग विकेट की चौड़ाई 10 फिट ओर लम्बाई 90 फीट होनी चाहिए। खुदी हुई मिट्टी निकाल लेनी चाहिए और बाद में उसके ऊपर 1/4 से 1/2 इंच तक कंकरी बिछा कर एक जैसा बराबर कर देना चाहिए। कंकरी पर हल्का रोलर घुमाना चाहिए जिससे कि कंकरी एक जैसी और अच्छी प्रकार से दब जाए और उसके ऊपर अच्छी जिसमें कि पत्थर न हो बिछा देनी चाहिए और मिट्टी को एक जैसा बराबर करके उसके ऊपर पानी डालकर जब रोलर के काबिल चलाना चाहिए। पानी डालने और रोलर को समय–समय के अनुसार चलाने से विकेट की आयु लम्बी होती है।

मैटिंग का लगानाः

मैटिंग का लगाना बहुत महत्वपूर्ण बात है। क्रिकेट के हर खिलाड़ी को इस बात की जानकारी रखनी चाहिए कि मैटिंग किस ढ़ंग से लगाई जाती है मैटिंग लगाने से पहले इस बात का ध्यान रखना चाहिए कि विकेट के अन्दर पानी देकर और फिर रोलर ठीक से किया हुआ है या नहीं। सब ठीक होने पर मैटिंग को विकेट से ऊपर पूर्ण रूप से बिछा देना चाहिए मैटिंग की चौड़ाई के एक

दुनिया में ऐसा कोई नहीं जिससे कुछ सीखा नहीं जा सकता"

ओर खड़े होकर पहले यह देख लेना चाहिए कि मैटिंग ठीक ढ़ंग से सीधी है। अगर सीधी नहीं है तो पहले उसे सीधा करना चाहिए फिर पहले मैटिंग के चौड़ाई के एक सिरे पर कीलें इस प्रकार लगानी चाहिए कि उसमें ढ़िलापन न रहे और फिर चौड़ाई के दूसरे सिरे से मैटिंग को खींच कर कीलें लगानी चाहिए कीलें इतनी खींच कर लगानी चाहिए कि मैटिंग के बीच में ढ़िलापन न रहे। इसी प्रकार लम्बाई की एक ओर की कीलें लगा लेने के बाद दूसरी ओर से वैसे ही मैटिंग को खींच कर कीलें लगानी चाहिए जिससे कि ढ़िलापन न रहे।

CEMENT-WICKET:

Full Size Pitch

Concrete cubic feet	175
Cement Bags	35
Sand (Wet) cubic feet.	100
Coarse Aggregate cubic feet	175

For a 33 feet (1006.5 cms) practice pitch one-half of these quantities will be required.

EQUIPMENT
उपकरण

1. BAT: बल्ला

खिलाड़ियों को इस बात का ज्ञान होना चाहिए कि कौन से आकार (SHAPE) और वजन (SIZE)का बल्ला उनके लिए ठीक है। आवश्यक है कि वह अपनी शारीरिक क्षमता के अनुसार बल्ला ठीक से घुमा सकें तथा पकड़ सकें उनका बल्ले पर आराम दायक तथा ठीक काबू या कन्ट्रोल हो। छोटे बच्चों के लिए भिन्न–भिन्न प्रकार के साईज और वजन के बैट होने चाहिए जो खेलने में रूकावट न डाले और बच्चा ठीक से खेल सके।

बल्ले का साईज	बल्ले के हैंडल की लम्बाई व चौड़ाई			बल्ले का वजन पौंड	बल्लेबाज की लम्बाई	आयु
लम्बे हैंडल का बल्ला (Full Size)	35"	12"	4¼"	2-4	5-6	बालिग
Short handle	34"	11"	4¼"	2-4	5'-9" to 5'-7"	बालिग
Short H. Harrow	34"	11"	4¼"	2-3	5'-5"	16
No 6	33"	10¾"	4"	2-2/1	5'-5" to 5'-2"	14 to 16
No5	31½"	10¾"	4"	2-0	5'-1" to 5'-2"	11 to 14
No4	30¼"	10½"	$3\frac{7}{8}$"	1-8½	5'-1" to 4'-7"	8 to 10

"इंसान की सोच ही उसे बादशाह बना देता है"

No3	26"	9"	3¼"	1-2	t'-7" to Below	6 to 8

2. BALL: गेंद

सिखने वाले छोटे बच्चों को ठीक साईज की गेंद प्रयोग मे लानी चाहिए। जिससे कि वह गेंद करते समय पूर्ण रूप से अपनी शारीरिक क्षमता के अनुसार ठीक दिशा में गेंद कर सकें। छोटे बच्चे अगर बड़े साईज की गेंद का प्रयोग करेंगे तो वह शीघ्र ही थकावट महसूस करेगें और साथ ही लेन्थ (LENGTH) और दिशा ठीक से नहीं आएगी। जिससे कि उनका उत्साह समाप्त हो जाएगा।

3. BATTING PADS:

खिलाड़ी की क्षमता के अनुसार पैड आराम दायक होने चाहिए न अधिक भारी न अधिक हल्के। चोट से बचने के लिए अच्छी प्रकार से मूवमेंट हो सके बांधते समय स्ट्रैप्स (STRAPS) अधिक लम्बे, ढ़ीले नहीं होने चाहिए।

4. BATTING GLOVES:

हांथों के साईज के अनुसार होने चाहिए।

5. ABDOMINAL GUARD OR PROTECTOR:

ठीक साईज का होना चाहिए।

6. WICKET KEEPING GLOVES WITH INNER:

हांथों के साईज के अनुसार होने चाहिए।

7. THIGH PADS:

थाई पैड का प्रयोग करना चाहिए।

8. TROUSERS AND SWEATERS:

मौसम के अनुसार स्वैटर का प्रयोग भी करना चाहिए।

9. DRESS, BOOT AND SOCKS:

सफेद पहनावा बूट में अच्छी प्रकार कीलें और मोटी जुराब पहननी चाहिए जिससे पावों की पकड़ अच्छी रहे।

10.CAP:

अच्छी दृष्टि के लिए कैप अवश्य पहननी चाहिए।

''झूठ से मेल करने से जीवन की सारी सम्पदा नष्ट हो जाती है''

MISCELLANEOUS
विविध

LENGTH OF PITCH:

छोटे बच्चों के लिए 22 गज की पीच का होना आवश्यक नहीं है इनके लिए 18 से 20 गज तक पीच की लम्बाई रख सकते हैं। बच्चों की आयु के अनुसार तथा उनकी शारीरिक क्षमता के अनुसार पीचों पर अभ्यास करवाना चाहिए। छोटे बच्चों को 22 गज की पीच पर अभ्यास करवाने से उनमें थकावट शीघ्र आएगी और वह ठीक से भी नहीं खेल पाएंगे जिससे खेल के प्रति उनकी रूचि कम हो जाएगी। ग्रुप कोचिंग में खासतौर पर कोच को इन बातों को ध्यान में रखना चाहिए।

HOW MANY WAYS BATSMAN OUT:

1. BOWLED – OUT
2. CATCH – OUT
3. STUMPING – OUT
4. RUN – OUT
5. HANDLE THE BALL – OUT
6. HIT THE BALL TWICE – OUT
7. HIT WICKET – OUT
8. L.B.W. – OUT
9. OBSTRUCTING THE FIELD – OUT
10. TIME – OUT
11. RETIRED – OUT जब कभी चोट आदि के कारण खिलाड़ी खेलना छोड़ जाता है तो हम रिटायर नाट आऊट कहेगें जब पारी को पूर्ण खेल कर अपने आप को रिटायर घोषित करता है तो रिटायर आऊट माना जाएगा।

" जो दूसरों के लिए जीता है। उसे कभी निराशा नहीं मिलती"

FIELD PLACING:

1.	WICKET-KEEPER	12.	LONG OFF
2.	FIRST SLIP	13.	LONG ON
3.	SECOND SLIP	14.	MID ON
4.	THIRD SLIP	15.	SILLY MID OFF
5.	GULLY	16.	SILLY MID ON
6.	THIRD MAN	17.	MID WICKET
7.	POINT	18.	DEEP MID WICKET
8.	COVERS	19.	SHORT LEG
9.	EXTRA COVER	20.	LEG SLIP
10.	MID OFF	21.	FINE LEG
11.	BOWLER	22.	LONG LEG

13. GLOSSARY

शब्दावली

Middle	=	मध्यम	Top	=	ऊपर
Attack	=	आक्रमक	Lift	=	उठाना
Defence	=	रोक कर	Spot	=	स्थान
Stroke	=	एकाएक आक्रमण	Sight	=	दर्शनीय वस्तु

Wrist	=	कलाई	Side	=	दिशा
Knees	=	घुटने	Face	=	मुंह
Point	=	तीखा कोण	Thigh	=	जंघा
Hip	=	कुल्हा	Bowler	=	गेंदबाज

Drives	=	खदेड़ना
Attack Strokes	=	आक्रमण
Forward defensive	=	आगे का प्रतिरक्षात्मक
Action	=	क्रिया
Watch	=	सावधानी से देखना
Investigation	=	जांचना

"कर्म करने में ही तुम्हारा अधिकार है, फल में नहीं"

Kind	=	किस्म	To strike Back	=	बदले में प्रहार करना
Crease	=	सिकुड़न डालना	To Ride one	=	पकड़ लेना
Swing	=	प्रगति या चाल	Group	=	झुंड
Strike	=	पीटना या मारना			

Flight	=	उड़ान	Good Length		अच्छी दूरी
Back Lift	=	पीछे की ओर उठाना	Pace		गति
Slow	=	धीरे या मन्द	Side way		एक तरफी
Line	=	पंक्ति	Dead Bat Position		सीधे बल्ले की स्थिति में
Hit	=	मारना	Control	=	नियंत्रण करना
Judgement	=	निर्णय	Timing	=	समय
Stump	=	खूंटी	Call	=	बुलाना या पुकारना
Leg	=	टॉग	Sweep Spot	=	स्वेच्छानुसार स्थल

Defensive	=	प्रतिरक्षात्मक	Smooth	=	मिलनसार
Speed	=	गति	Smoothness	=	सरल करना, आसान करना
Smooth Delivery	=	आसानी से मुक्ति	Run-up	=	दौड़ना ऊपर की ओर

"सच्चा मनुष्य वह है जो बुराई का बदला भलाई से दे"

Careless	=	असावधान	Etiquette	=	अदब
Shots	=	गोलंदाजी	Apathy	=	उदासीनता
Start	=	चलदेना	Knowledge	=	जानकारी होना
Accuracy	=	ठीक होने का भाव	Action	=	क्रिया

Concentration	=	एकाग्रता	Attracting	=	आकर्षण
Direction	=	दिशा	Attract	=	आकर्षित
Fielder	=	क्षेत्र रक्षक	Set	=	जमना
Field	=	खेल का मैदान	Reach	=	पहुँचना

Within the reach of	=	पहुँच के भीतर
Grip	=	पकड़
Balance	=	तुला या तराजू या संतुलन
General	=	सामान्य या बहुप्रचलित
Technically	=	यन्त्र विज्ञान के आधार या ढ़ंग
Technique	=	कला या कौशल
Stickler	=	औपचारिकता ग्रही
Sticker	=	बल्ले से प्रभावी बल
Fit	=	ठीक नाप

"सत्य समय से भी अधिक मूल्यवान है"

Form	=	निर्माण करना	End	=	अन्तिम सीमा या परिणाम
Control	=	नियंत्रण करना	Text	=	लेखक के शब्द
Text Book	=	पाठ्य–पुस्तक	Back	=	पीछे जाना
Visual Concentration	=	दृष्टिसंबंधीएकाग्रता			

Skill	=	कौशल या युक्ति	Method	=	ढ़ंग या प्रणाली
Fallow	=	बज्जर	Follow	=	अनुसार करना
Throw	=	फेंकना	Match	=	प्रतिद्वन्दिता का खेल

Impact	=	कस कर दबाना
Impetus	=	वेग, प्रेरणा या संवेग
Drive	=	हांकना

काम में संतोष ही असली सुख है